U0011275

跑騎
全台灣

狂飆的18鐵人
32條私房跑步單車訓練路線
38場亞洲經典賽事備戰守則

推薦序

從新北拉開序幕的跑、騎山海盛宴 ✕ 侯友宜　*006*

不僅是一本運動工具書，還是一本生活指南 ✕ 柯文哲　*007*

啟發大家行三好的動力 ✕ 慧傳法師　*008*

高手不藏私 運動有品質 ✕ 賴清德　*010*

作者序

找到適合自己的訓練篇章，寫下屬於自己的運動日記 ✕ 陳彥良　*011*

作者・帶路人介紹　*013*

PART 1

跑步、單車訓練路線與模擬賽道　*024*

北北基

1. 國手之道——木柵河濱跑騎訓練路線 ★　*026*
   模擬賽道▼LAVA TRI 大鵬灣鐵人賽

2. 貓空杏花林山路訓練路線 ★★★　*030*
   模擬賽道▼捷安特自行車嘉年華——大小鐵人二項・普吉島樂古浪鐵人三項

3. 石碇小格頭　天堂＋地獄路線 ★★★★　*034*
   模擬賽道▼普悠瑪鐵人三項・五島長崎國際鐵人三項

4. 中和烘爐地土地公加持練坡路線 ★★★★　*038*
   模擬賽道▼飛龍盃烘爐地馬拉松

5. 美堤河濱公園長距離訓練路線 ★★　*042*
   模擬賽道▼長榮航空城市觀光馬拉松・首爾馬拉松

6. 雙溪——平溪　台2丙雙隧道爬坡路線 ★★★　*046*
   模擬賽道▼IRONMAN 70.3 墾丁・Challenge WANAKA.

7. 360° 無敵美景軍艦岩環形野跑 ★★★★　*050*
   模擬賽道▼XTERRA Taiwan 全球越野鐵人三項賽巡迴賽・XTERRA Tahiti大溪地站

北北基

8. 冷水坑三段式爬坡大魔王訓練路線 ★★★★ *054*
模擬賽道▼FXT台灣極限鐵人三項

9. 大湖山莊——五指山美景伴咖啡路線 ★★★★★ *058*
模擬賽道▼南橫超級馬拉松

10. 故宮直上風櫃嘴長距離爬坡路線 ★★★★★ *062*
模擬賽道▼NXT 挪威極限鐵人三項賽

11. 風櫃嘴五指山連續爬坡挑戰路線 ★★★ *066*
模擬賽道▼Never Stop 永不放棄——陽金P字道

12. 石碇——福隆丘陵地飆速路線 ★★★ *070*
模擬賽道▼戀戀197自行車賽・IRONMAN 70.3 Subic Bay

13. 雙北山海連線 ★★★★ *074*
模擬賽道▼IRONMAN 70.3 墾丁・FXT 台灣極限鐵人三項

14. 環新北基隆自行車道半日遊 ★★★★ *078*
模擬賽道▼Challenge Taiwan 國際鐵人三項競賽

北部

15. 環島1號線頭城——福隆海風路線 ★★★ *082*
模擬賽道▼LAVA TRI 大鵬灣鐵人賽

16. 石門水庫環湖兩鐵路線 ★★★★ *086*
模擬賽道▼Challenge Taiwan 國際鐵人三項競賽

17. 茄苳景觀大道高強度間歇訓練路線 ★★★★ *090*
模擬賽道▼普悠瑪鐵人三項・IRONMAN 世錦賽・FXT台灣極限鐵人三項

18. 十八尖山階梯高強度間歇訓練路線 ★★★★★ *094*

19. 西濱公路單車新手經典路線 ★★★ *096*
模擬賽道▼LAVA TRI 玩賽樂園

20. 內灣老街到宇老吃臭豆腐 ★★★ *100*
模擬賽道▼西進武嶺

中部

21. 🏃🚴 東海大學—台中都會公園　綠蔭緩坡訓練路線 ★★★　*104*
模擬賽道▼礁溪溫泉馬拉松．北海道 JAL 千歲國際馬拉松

22. 🏃🚴 忘憂谷高美濕地逍遙遊 ★★★★　*108*
模擬賽道▼金門馬拉松．平壤國際馬拉松

23. 🏃 歌劇院——新市政中心　都會秘境輕鬆跑路線 ★　*114*
模擬賽道▼羅布森台中伴城路跑．神戶馬拉松

24. 🏃 中科園區台積電森林系長跑路線 ★★　*118*
模擬賽道▼跑步環島

南部

25. 🏃🚴 佛光 57 佛系巡航 ★★★　*122*
模擬賽道▼LAVA TRI 玩賽樂園．石垣島鐵人三項賽

26. 🏃🚴 二寮觀日短坡衝刺間歇路線 ★★★★　*126*
模擬賽道▼Mt.FUJI Hill Climb 富士山爬坡賽

27. 🏃 巡遊愛河畔 ★★　*130*
模擬賽道▼愛河國際鐵人三項競賽．常熟尚湖鐵人三項賽

28. 🏃 陸軍官校鳳凰山越野跑路線 ★★　*134*
模擬賽道▼虎豹雙棲越野挑戰賽．NINJA TRAIL RUN 忍者越野跑

29. 🏃 玉門關環狀線初學者基地 ★★★　*138*
模擬賽道▼環花東自行車賽

30. 🚴 恆春半島 199+200　399 吃到飽山海路線 ★★★★　*142*
模擬賽道▼戀戀 197 自行車賽．NTT ASTC 蘇比克灣國際鐵人三項

東部

31. 🚴 知本溫泉縣道194先苦後甘路線 ★★★★　*146*
模擬賽道▼跑吧！孩子 知本溫泉公益馬拉松

32. 🚴 台11線八嗡嗡海岸長騎 ★★★　*150*
模擬賽道▼普悠瑪鐵人三項

同場加映　全台耐力運動團體　*154*

PART 2

跑步騎車知識講堂　*164*

跑步訓練

開始 >> 跑步裝備挑選 × 陳彥良　*166*

女力專屬：如何美美運動 × 李詹瑩　*170*

維持 >> 課表安排 × 江晏慶　*172*

維持 >> 跑姿改善 × 李翰軒　*178*

轉換 >> 給轉戰跑步的單車騎士建議 × 何航順　*180*

騎車訓練

開始 >> 單車裝備挑選 × 陳彥良　*184*

維持 >> 課表安排 × 黃柏青　*188*

轉換 >> 給轉戰單車的跑者建議 × 李翰軒　*194*

身心障礙者訓練

給初學的身障鐵人與協助夥伴小提醒 × 姜義村　*196*

海外參賽注意事項

還沒下場就失格？以日本館山若潮鐵人三項賽為例 × 陳彥良　*198*

後記
不斷前進的動力 × 陳彥良　*204*

從新北拉開序幕的
跑、騎山海盛宴

　　新北市就像一座小型的台灣，有現代都會區，也有古樸鄉間區；有壯麗的山景廊帶，也有悠藍的海景一線，這是上天賜予新北市最美的禮物，更是新北市得天獨厚的觀光優勢。

　　近年來，無論是跑步、騎單車、鐵人三項等戶外運動日漸盛行，新北市的山海美景更成為北部三鐵愛好者的首選。無論是每年皆吸引各路好手參與盛會的新北市萬金石馬拉松，抑或是結合路跑、鐵道及旅遊的「追火車」新北市鐵道馬拉松接力賽，都是新北市結合運動與沿途景觀所發展出的年度盛事。

　　《跑騎全台灣》集結全台灣北中南東部的跑、騎路線，其中更收錄新北市許多私房路線，諸如：石碇小格頭、中和烘爐地、雙溪、福隆、平溪、環新北基隆自行道等，不僅是熱門路線，更帶給跑騎好手們一場美好的山海盛宴。

　　其中的環新北基隆自行道，橫跨新北市與基隆，途經新北市的平溪五分山、石碇望無亭等山景壯闊，也有古道風華鐵路隧道、基隆河左岸汐止五堵貨場河岸自行車道等海天遼闊，對於單車好手們來說，不僅達到鍛鍊的目的，更能夠於旅途中，享受自然水岸、高山、鐵道等美景，相信會是一趟收穫甚豐的旅程。

　　最後，衷心期望每位跑友、車友，都能夠透過本書了解台灣之美，以及享受每場賽事所帶來的體驗。

新北市市長

侯友宜

不僅是一本運動工具書，
還是一本生活指南

我騎過幾次一日北高，也騎過一日雙塔，我認為長途騎乘，挑戰的是自己的意志力。不管別人怎麼嘲笑，只要你知道自己的目標與方向，咬緊牙關、一步一步往前踩踏，就有機會邁向成功。

當我讀到這本《跑騎全台灣》的時候，我非常感動。因為醫護鐵人創辦人陳彥良竟然能將醫護與運動緊密結合，一邊參與比賽，一邊助人於危難之中。這本書真實地描繪了運動的魅力。他告訴我們即使在孤獨的訓練裡，也能找到樂趣和成就感，甚至重新拾回對生活的熱愛。

《跑騎全台灣》不僅是一本運動工具書，還是一本生活指南。書中詳列了32條全台的訓練路線，並提供了實用的訓練方法與策略，我相信無論你是老鳥或是新手，都能從書中找到最適合自己的訓練方式。

「跑騎全台灣」是你挑戰自我的開始，千萬不要因為害怕無法完成而闔上書本，只要勇於想像、比昨天跨出多一步，或許就會成功。

台灣民眾黨主席

柯文哲

啟發大家行三好的動力

醫護鐵人乃菩薩也。

首先感謝陳彥良創辦人，邀請我為《跑騎全台灣》撰寫推薦序，剛接到陳創辦人的邀請，真的有些吃驚，因為我和他只有一面之緣，且對「醫護鐵人」的定義不夠了解，不敢隨便應允。但陳創辦人仍熱情邀約，且寄了一些資料給我參考。

從人間福報的報導中，我了解醫護鐵人的初衷，本書的出版稿酬也會捐贈做公益用途。內心無比感動，乃提筆寫了推薦序，希望他們的感人行止，可以喚起大家重視弱勢族群，也能夠在各地方積極推動助人護人的三好精神。

據陳創辦人提供的訊息，我了解近年來海內外所舉行的「鐵人三項」、「馬拉松」、「自由車」等耐力型賽事，途中總有一些選手產生了熱衰竭、急性痙攣、溺水、外傷等意外，因而孕育出一群一面參賽，一面緊急救護的人員出現，這一群補強運動安全網的陪賽者，稱之為「醫護鐵人」。

另外，醫護鐵人還有一個重要規範，那就是參加賽事「不小心」獲勝，也必須放棄，因為他們的任務是在確保每位選手得到安全的保障、在主動幫助運動員緩解肌肉痠痛，避免他們留下運動傷害。

因而醫護鐵人不但自己體能要好，還要具備「緊急救護員（EMT）」的資格，最重要他們必須具備犧牲自己，成就他人的慈悲胸懷，他們這種崇高的理念，我要稱呼他們一聲「菩薩義工」，因為他們做到了星雲大師〈為義工祈願文〉裡面的一段話：「慈悲偉大的佛陀！我要虔誠地向您稟告：社會裡有一群可敬的義工朋友，為機械冷漠的時代增添了光熱，為人情紙薄的潮流注入了

情義。當別人蜂湧追求權力時，他們默默為人服務；當別人爭執計較名位時，他們不斷付出愛心。他們的目的雖然不是為了報酬，卻為自己賺到了功德與歡喜；他們的願望雖然不是為了名位，卻讓自己成為最受歡迎的朋友。」

在往後的賽事中，祝「醫護鐵人」平安健康、不忘初心，也祝《跑騎全台灣》熱銷，啟發大家行三好的動力。

慧傳法師

推薦序

高手不藏私 運動有品質

根據教育部體育署111年運動統計，國人規律運動人口比例達33.9%；其中，慢跑持續蟬聯第二，僅次散步、健走，如果單看有氧運動，則慢跑是國人最愛的運動第一名，單車也固定有一成的愛好者。

隨著對運動的需求提升，也陸陸續續有一些運動的朋友想要自我提升、加強鍛鍊，但是，往往不知道該如何下手。網路上的資訊五花八門，不一定適合自己、也可能不在住家附近。孤獨的訓練讓人望而生畏，也就少了踏出第一步的動力。

也因此，《跑騎全台灣》由「醫護鐵人」陳彥良領軍，匯集了台灣各地18位鐵人好手，不藏私地揭露全台32條訓練路線，搭配訓練方法和賽事資訊，並蒐羅全台各地耐力運動團體。無論是跑者或是單車騎士、初心者或鐵人老鳥，都可以從本書中找到適合自己的心得和策略。

我自己是資深體育迷，長期支持和關注各項運動，隨著國人運動風氣的提升，推廣正確的運動策略和方式，也是相當重要的一件事。看到有這麼多鐵人好手願意分享自己的訓練內容和心得，讓其他跑者或單車騎士可以參考或學習，十分感動。

同時，我也是一位醫師，「運動有益身心健康」不僅是一句口號，也有充分的研究可以支持，長期且規律的運動，不僅可以提升身體素質、降低各項慢性病的風險，更可以讓自己心靈愉悅。期待本書幫助更多運動愛好者，有更好的運動品質，體會運動的快樂。

中華民國副總統暨民進黨黨主席
賴清德

找到適合自己的訓練篇章，
寫下屬於自己的運動日記

2021年，《狂飆的18鐵人》一書連續兩個月榮登momo購物新書暢銷排行榜第一名（2021/11/12-2022/1/11）、momo購物雙11期間全類別書籍銷售總排名第一名，以及博客來新書排行榜第三名佳績。經過1年多的籌備，醫護鐵人再度號召各領域18位鐵人好手，完成這本《跑騎全台灣》的共同創作。

記得我剛開始接觸耐力型運動時，本來都是一個人悶著頭苦練，爾後在好友蔡呈祥的邀約下加入了夜跑團，後續又接觸了幾個鐵人團，在多方了解社團運作及文化後，進而創辦了醫護鐵人。在上述過程中，無形拓展了許多人脈，也直接、間接獲得了許多寶貴的運動經驗。故本次新書創作初衷，就是希望讀者們能透過本書少走許多冤望路。

《跑騎全台灣》本書內容共分兩大部分，PART1跑步、單車訓練路線與模擬賽道，以及 PART2 跑步騎車知識講堂。PART 1將路線分為北北基、北部、中部、南部及東部等5大區域，彙整了18位作者私房的跑步與騎車訓練路線介紹，以及他們如何在這條路線上訓練；更進一步分享可以將訓練路線作為模擬賽道的台灣與亞洲各國賽事。最後，特別與知名運動雜誌《單車誌》協作，收錄全台各地耐力運動社團的團練資訊，方便讀者能找到自家附近對外開放的運動社團。PART 1 是本書的最大精華，除了讓讀者便於選擇適合自己的訓練路線、以及實際到現場訓練，更兼顧了社群交流。

PART 2 則著眼於裝備挑選、專業教練對的訓練的提醒與課表安排建議，以及一般訓練書籍少見但有其需求的短篇內容，例如：跑者轉換騎車以及騎士轉換跑步的心法、女生如何美美地運動。

也因應社會共融，由身障運動的推手姜義村教授，親自撰寫給身障鐵人與協助夥伴的提醒。

透過具備多次鐵人三項完賽經驗的各領域菁英：Bicycle Club專欄作家暨醫護鐵人何航順、專業教練（李翰暄、江晏慶、黃柏青、郭修森、楊志祥）、職業級選手（王千由、吳承泰、許仁茂）、名模（王心恬）、運動網紅（簡翊倫、李詹瑩、林美佐）、臺師大教授（姜義村），以及企業經理人兼資深市民鐵人（江昇峰、詹益榮、姚焱堯、劉祖寧）等人的大方分享，讓無論是剛接觸跑步或單車的你，或是重度運動咖的你，都能找到適合自己運動習慣和訓練程度的篇章。

「醫護鐵人」自2016年9月11日成立以來，以社會企業的形式持續發展。以實際行動提供零收費賽事名額支持醫護人員參加馬拉松、自行車、鐵人三項、越野跑及長泳等耐力型賽事，並藉此鼓勵其在賽事過程中提供公益醫療服務，致力於協助並鼓勵參賽者平安順利地完成賽事。至今，我們已經支援超過500場次的賽事，光在2022年就支援全台

100場，而在2023年新冠疫情解禁後，更達到海內外110場的歷史新高。不論在國內還是國際賽場，我們都全力推廣賽事安全。

我們同時在各地舉辦各類公益零收費講座，如心肺復甦術（CPR）、自動體外心臟除顫器（AED）教學以及運動防護講座，透過這些活動來廣結善緣。醫護鐵人的成就不僅在維基百科和經濟部中小企業處的「社會創新平台」中有所記載，更榮獲教育部體育署「我是運動創業家」競賽中的第二名殊榮。

過去，我們出版的圖書所得版稅的一半皆捐贈給公益單位，例如《醫護鐵人台灣經典賽事全攻略》的版稅收入，捐贈予家扶基金會；《狂飆的18鐵人》的版稅則捐贈給弘道老人基金會；而在此次即將出版的《跑騎全台灣》，我們也計畫將版稅的一半捐贈給失親兒福利基金會。我們期望與讀者們攜手參與公益活動，透過一系列的行動，讓社會充滿更多愛與正能量。

醫護鐵人創辦人

作者・帶路人介紹

▶ **FXT神人**
許仁茂・吳承泰・江晏慶・江昇峰

▶ **專業教練**
李翰暄・郭修森・黃柏青・楊志祥

▶ **最強女力**
王千由・王心恬・李詹瑩・林美佐・簡翊倫

▶ **各界菁英／資深市民鐵人**
何航順・姚焱堯・姜義村・詹益榮・劉祖寧

許仁茂

（茂哥・鐵人老爸）

運動讓我生活更佳精彩

吳承泰

（泰神・Tyson・鐵人夢想家）

只要不放棄，人生每個挫折就有意義

大家好，我是許仁茂。是一位有4個孩子的爸爸，曾經是拳擊國手，對運動有相當的喜愛。進入家庭後全心在工作上打拼，在老么出生後，想著可以為自己做些什麼？很幸運地在工作與家庭和興趣之中找到平衡點。於2014年進入鐵人三項領域，也展開了我的另一個精采人生。

現職：個人化運動教練、瑜珈老師、運動推拿、三鐵教練、拳擊有氧
經歷：
2022 IRONMAN KONA　9:49:57
2022 FXT台灣極限鐵人三項 亞軍
2021 IRONMAN澎湖226km 冠軍
2021 Challenge Taiwan國際鐵人三項競賽
　　　226km 冠軍
2021 普悠瑪鐵人三項226km 冠軍
2020 FXT台灣極限鐵人三項 冠軍

曾經是鐵人三項國手，在少不更事的年齡一度學壞，因為鐵人三項運動才轉回正途，為國出賽的過程中獲得榮耀與成就感，讓我得以揮別過往青澀歲月，以夢想家的身分持續前進。現在的目標是挑戰世界各地的鐵人競賽，只要心有多大，夢就能多遠。

現職：TIRTC泰愛跑訓練俱樂部暨泰萌運動負責人
經歷：
台灣鐵人三項彰化縣代表選手
2022 FXT台灣極限鐵人三項 冠軍
2012-2020 亞奧運鐵人三項培訓國手
多次前往世界各地參賽亞錦賽、世錦賽及亞洲盃賽事

※FXT：Formosa Xtreme Triathlon台灣極限鐵人三項，簡稱FXT。總距離226公里，總爬升逾6,000公尺，是世界極限鐵人聯盟Xtri亞太地區唯一認證賽事（全世界共12場賽事），堪稱台灣最艱難的耐力賽。截至本書上市前，三屆FXT總計完賽人數不到百人，而本書作者群有4位FXT黑衫選手（即完賽選手），其中2名為該屆冠軍。

江晏慶

（Cliff Chiang ‧ XTERRA專業教練）

在自我挑戰的過程中感受神的同在，不斷探索、學習與感謝，成為更美好的自己

投入跑步運動約20載，涉獵過鐵人三項、超鐵、越野冒險、越野鐵人三項、超馬等領域，最後駐足於自由奔放的越野跑。身兼運動員、教練和推廣者，期待能幫助更多人認識台灣的大自然、健康地經歷跑步帶來的精采生活。

現職：尼希米戶外運動暨Cliff Coaching System創辦人、GARMIN運動專欄作家
經歷：
跑步教學經驗14年，並擔任華碩、理律慢跑社野跑教練
2023 日本 KUMAGAWA REVIVAL TRAIL 107km 總排第五名
2022 FXT台灣極限鐵人三項 總排第四名
2022 XTERRA Taiwan 越野鐵人三項賽 總冠軍
2019 XTERRA越野鐵人三項亞洲巡迴賽 年度積分第五名
2013-2019 The North Face100國際越野挑戰賽台灣站 100/50/20km 總冠軍
2016、2019 101登高大賽 國內冠軍

江昇峰

（虎哥‧樂高鐵人）

在挑戰賽事中尋找生活的平衡

號稱現階段FXT百傑暨樂高界最速鐵人的我，是個平日在經營管理幾家必買站樂高店的業餘鐵人，雖然有人說我練鐵人是職業，經營樂高是副業，但其實我還是有認真在上班。三鐵對我來說是在工作忙碌之餘一個很棒的休閒活動，也是我們全家人共同的興趣，希望越來越多人可以一起體會三鐵的美好。

現職：必買站連鎖樂高店 主理人
經歷：
2023 Challenge Taiwan 226km 分組第三名
2022 Challenge Taiwan國際鐵人三項競賽 226km 分組第四名
2022 FXT台灣極限鐵人三項 黑衫

李翰暄

（光頭神童、Akebono曙光跑步學校創辦人）

心的力量，不可限量

郭修森

（Vertex丸鐵運動創辦人）

堅持自己的堅持

現役田徑運動員，深耕於跑步教學，運動型YouTuber推廣市民跑步教學，馬拉松選手訓練，擅長教練培育、團隊管理經營。

公司服務內容：跑步教學、鐵人三項、私人教練，個人化線上課表、定向越野、企業包班、客製化企業活動，企業員工運動。

現職：曙光整合運動股份有限公司 負責人
經歷：
New Balance Run Club 台灣區總教練
台北長跑扶輪社 總教練
Ginat捷安特品牌大使
新北市體育事務委員
體育運動菁英獎最佳新秀運動員入圍

投入鐵人選手10餘年，曾為台灣鐵人三項奧運儲訓隊一員，代表台灣參加多場國際賽事。在2015年KONA大賽回國後，加入高雄在地深耕耐力運動的「丸鐵運動」。期許將自己的選手經驗傳遞給更多喜愛鐵人三項運動的民眾，提倡「運動就是生活，生活就是運動」的鐵人精神。

現職：丸鐵運動股份有限公司 總經理
經歷：
2019 XTERRA World Championship 台灣代表
2015 IRONMAN KONA 台灣代表
2012 宜蘭 世界大學鐵人三項錦標賽
2012 日本 石垣島ITU世界盃
2011 北京 鐵人三項世界錦標賽U23組
2010 阿曼 第二屆亞洲沙灘運動會

黃柏青

（柏青哥）

鐵人三項不只是個運動，是一種自律的生活態度

楊志祥

（鐵人暖男）

不一定要當冠軍的選手，但要比冠軍還要投入

2008年的梅花湖半程鐵人賽，開啟了我的鐵人三項人生，至今沒有一年中斷過參賽，曾參加超過70場51.5、113、226公里及其他各種距離的鐵人賽事。玩鐵人三項除了運動本身帶來樂趣，也能到世界各地不同水域游泳、在單車上飽覽美景，用自己的雙腿實際踏過每一片土地，才是最難能可貴的人生經歷。

現職：焦耳極限訓練中心總教練、台灣追不到鐵人三項休閒運動協會副理事長、動一動運動專欄作家
經歷：
USAT Level 1 Coach / 美國鐵人三項協會認證教練
USAT Level 2 Endurance Coach / 美國鐵人三項協會認證長距離二級教練
IRONMAN Certified Coach / IRONMAN 認證教練
Peaks Coaching 功率認證教練
NSCA CPT 美國肌力體能認證私人教練
海內外鐵人各種距離賽事超過70場

從原本是一位只會蛙式的田徑隊選手，在2008年參與了人生第一場鐵人三項賽事，受到鐵人三項運動魅力吸引，在學生時期至服兵役、到志業都與鐵人三項緊密結合，現在是全職的鐵人三項教練，並苟延殘喘的持續選手生涯。

現職：WAYPOINT鐵人工廠 鐵人三項教練
教練經歷：
World Triathlon Level 2 Coach
2022 亞洲鐵人三項錦標賽 中華台北代表隊教練
2021-2022 杭州亞洲運動會 鐵人三項培訓隊教練
選手經歷：
2011、2015 亞洲鐵人三項錦標賽 中華台北代表隊選手
2015-2021 全國運動會鐵人三項混合接力 1銀3銅
媒體經營：
TriYang鐵人三項、Tri To Go三項玩不完 Podcast主持人

王千由

（曉花‧雙棲女王）

只要你想，全世界都願意幫助你完成夢想！

王心恬

（CandyWang‧鐵人名模）

運動是跟自己和大自然獨處對話的約定

從國小接觸游泳，在教練指導下，小五開始踏入鐵人領域，至今打滾10多年，現在的我不只是選手更是教練，帶領更多鐵人愛好者完成初鐵夢想。階段目標在2022年完成公路×越野雙世錦賽環球之旅，相信自己沒有極限，一步一步往目標前進！

現職：277自轉車高雄店 訓練部教練
經歷：
2022 Liv Iron Girl　女子總冠軍
2022 XTERRA越野鐵人三項　女子組冠軍
　　　3:44:29
2022 IRONMAN澎湖　18-24歲第一名
　　　12:53:38
2022 XTERRA越野三項世界錦標賽
2022 IRONMAN KONA 15:27:00

我是一名模特兒，因為從小身高突出，加上爸爸是籃球員，可說是在籃球場長大的孩子。多年前與模特兒同事組隊參加鐵人三項接力賽，當時負責單車項目，而本來就擅長游泳的我萌生了獨自完成鐵人三項的念頭。至今已培養出潛水、游泳、滑雪、跑步、單車等運動興趣。

現職：時尚模特兒、NAMUA香氛品牌創辦人
經歷：
2022 高雄富邦馬拉松　代言人
2022 Challenge Taiwan 51.5km
2020 澎湖菊島跨海馬拉松42km　代言人
2019 SUPERACE國際馬拉松—敦煌站
　　　115km
2018 內蒙古超級馬拉松 111km
2016 We tri 51.5 墾丁鐵人三項

李詹瑩

（Joy・台灣蛙后）

運動即生活，生活即運動

林美佐

（Misa・最速空姐）

運動讓世界更有愛

小學開始參加泳隊，代表台灣前往許多國家參加比賽、拿下名次，更破了多項全國紀錄。為了練好游泳，還考取了瑜珈師資證照。在國手時期因傷放棄運動；後因為健康因素重拾起最愛的運動，並跨出舒適圈，挑戰鐵人三項。

因為熱愛旅遊、運動、大自然，對鐵人三項就像上癮般一直比下去。現在育兒也會帶著寶貝做三項訓練，讓全家人體現運動即生活，生活即運動。

現職：Joy Up Founder、瑜珈老師、私人游泳教練、各大團體游泳總教練、愛爾達游泳講評、愛爾達防疫動起來節目老師

經歷：

前國家女子最高紀錄保持人：50m、100m、200m蛙式，連續6次破全國紀錄

亞洲分齡游泳錦標賽二銀四銅

2023 水域安全嘉年華代言人

2019、2020 台灣國際馬拉松代言人

2018 泳渡澎湖灣代言人暨總排第二名
　　　2:29:24.27

2017 日月潭鐵人三項 分組第一名

2016 Challenge Taiwan 分組第一名

一位跨足馬拉松、鐵人三項、登山等戶外運動、並教授瑜珈課程的空服員。在工作飛行閒餘之際，協助視障三鐵選手陪訓、比賽，與從事喜憨兒公益跑班、輪椅選手陪跑等。滿心洋溢著對公益與運動的熱愛與期盼，每次接觸相關活動，都能盈滿自我的生命。運動讓人生充滿喜悅，找到健康、自信與正面的心態與能量。期望亦能用運動做公益與送愛，回饋這世界。

現職：空服員、瑜珈老師，業餘公益愛好者

經歷：

2022 台北花博超馬盃6小時 女總一

2022 南橫超級馬拉松60公里組 女總一

2022 Challenge Taiwan 國際鐵人三項競賽
　　　226公里 分組第一

簡翊倫

（一輪．eLun）

對自己的生活要求幾分，魅力就有幾分

喜愛各類戶外運動，跑步、單車、鐵人三項、登山或潛水都有涉獵，在社群上常分享運動生活，並將運動結合旅遊和美食給觀眾，期待能讓運動更加普及。一句標準開頭問候語「你今天運動了嗎？」親切提醒著親友與觀眾記得運動，自然親切的特質是深受觀眾喜愛的主因。

現職：YouTuber
經歷：
一日雙塔20.5小時；鐵人三項113km 5:45；西進武嶺4:45
台灣訂閱人數最多的戶外運動YouTuber
YouTube：一輪的運動日常（15萬人追蹤）
Instagram：elun1020（7萬人追蹤）
Facebook：一輪的運動日常（6.5萬人追蹤）
實力與魅力兼具的運動自媒體

何航順

（公路車小馬．Roadie Hansom HO）

Train just enough for success.

邊跑馬拉松、邊寫作的單車運動員，經歷超過100場單車競賽活動。過去最自豪的是協助隊友拿下自由車環台賽個人總冠軍；現在，最得意的是以醫護鐵人的角色，幫助你邁向終點。喜歡美食、攝影與法國。

現職：台灣鐵人賽事安全協會醫護鐵人、緊急救護技術員EMT-1、專業經理人
經歷：
2019 輪躍台南二寮登山王　M40冠軍
2019 捷安特盃鐵人　M40季軍
國內與海外各種距離公路自由車賽事超過100場
著作經歷：
2019《關於單車，我說的其實是……》（聯合文學）
2021《狂飆的18鐵人：台灣經典賽事與備賽攻略》（墨刻）
BiCYCLE CLUB單車俱樂部等各大運動雜誌專欄作家

姚焱堯
（戈壁代號：巴特力）

千里之行始於足下，凡跑過必留下痕跡

在邁入40不惑之年投入長距離的耐力型運動，從鐵人三項起步，數年後轉戰馬拉松。2010年代表台大EMBA組隊完成玄奘之路戈壁挑戰賽（4天120km），2011年和夥伴張義一起創立運動筆記，後陸續推出健行筆記、籃球筆記、自行車筆記等運動社群平台，對民眾健康提升與運動產業商機發展有所助益。

現職：運動筆記創辦人
經歷：
2010玄奘之路戈壁挑戰賽
2014 橫越臺灣國際超級馬拉松賽
紐約、東京、維也納、黃金海岸馬拉松等金標賽事
業界經歷：
台師大樂活EMBA產業大師
陽明交大HYPE SPIN運動創新加速器計畫業師
三趨科技創辦人暨董事長
H2U永 健康集團永續長

姜義村
（身心障礙運動平權推手）

每個人都有享受運動的權利，「愛運動 動無礙」是我推動運動平權一生的志業！

印第安那大學公共衛生學院休閒行為哲學博士，現任臺師大特殊教育學系暨復健諮商研究所教授兼副學務長，專攻適應體育、幸福感與運動平權研究，近年來專注於身心障礙者與高齡者運動推廣，出版兒童繪本，並受邀至港澳馬新等地巡迴演講，目前仍於BravoFM91.3電台主持「幸福理想國」，及國家教育廣播電台主持「教育非知不可：體育運動快問快答」。

現職：國立臺灣師範大學教授兼副學務長
經歷：
2022 IRONMAN 澎湖 14:38:48
2022 IRONMAN 70.3台東 6:05:17
業界經歷：
鐵人三項教練
台灣適應身體學會理事長
國家級跆拳道／保齡球教練
國立彰化師範大學體育室主任
GOODTV／MOMOTV電視節目主持人
台北體育學院身心障礙者轉銜及休閒教育研究所所長

詹益榮

（舒跑哥）

要活就要動、跑就對了！！

劉祖寧

（JOE總・老爺鐵人）

辛苦的訓練是為了開心的完賽

　　還未正式踏入跑馬人生時，我真的喜歡跑步運動，但是跑完身體回報給我就是臉色發青、每跑必吐。吐歸吐，卻完封我的過敏症，也因為這樣開始了我的跑馬人生。當然，我最驕傲的一件事情就是把台灣「舒跑」品牌，跑進世界馬拉松最高聖堂，成為第一位cosplay六星跑者。

現職：維他露集團供應鏈整合處長及維他露基金會副執行長
經歷：
2023日本利尻島超級馬拉松
2014-2019 世界六大馬拉松六星跑者
2018 Challenge Taiwan國際鐵人三項競賽
　　226km（初鐵）
2014-2018 跑百馬捐佰萬
2017 跑步環島29天
2016 北韓戰火平壤馬拉松

　　我是一位擁有棒球魂的鐵人三項運動愛好者，接觸棒球運動30餘年，2016年因為工作來到台東生活，開始接觸單車休閒運動，陸續完成了西進與東進武嶺、一日北高、一日雙塔等多項挑戰，2018年開始接觸鐵人三項運動訓練及賽事，也完成多場半程及全程馬拉松賽事，成為耐力運動的愛好者，持續自我挑戰。

現職：知本老爺酒店 總經理
經歷：
2023 Challenge Taiwan國際鐵人三項競賽
　　226km
2022 普悠瑪鐵人三項113km
2021 普悠瑪51.5km／Challenge Taiwan
　　113km
2020 Ironman 70.3台東／Challenge Taiwan
　　113km／台東之美51.5km 分組第四名
2019 Challenge Taiwan 51.5km（初鐵）／台
　　東之美 51.5km

醫護鐵人

陳彥良

運動改變我的人生，醫鐵昇華我的靈魂

現職：
「醫護鐵人」創辦人
台鐵鐵人賽事安全協會 榮譽理事長
易飛網 全球賽事旅遊運動總監
鑫浩顧問股份有限公司 副總經理
大學講師（ERP與專案管理）
學歷：淡江大學中國大陸研究所經貿組畢
經歷：
「醫護鐵人學校」創始校長
台灣鐵人賽事安全協會 首任理事長
教育部體育署騎鐵馬遊台灣十大經典自行車
路線體驗認證代言人
柏林馬拉松台灣精品創意跑者訓練營講師
政府體適能指導員
BLSI基本救命術指導員
緊急醫療救護員
中華民國鐵人三項教練
中華民國水中運動協會游泳教練
飛輪教練
著作：
2020年《醫護鐵人台灣經典賽事全攻略：知
名路跑、馬拉松、自行車、越野賽、長泳、
鐵人三項耐力型賽事運動防護重點解析》
2021年《狂飆的18鐵人：台灣經典賽事與備
賽攻略》

　　1978年生於高雄。斜槓人生嚮往者，在半導體及顧問業具20餘年資歷，同時身兼大學講師與企業流程管理顧問公司執行長，並具備ISO27001主任稽核員、ERP顧問師等多項專業證照。自2013年投入運動至2023年7月，完賽逾197場賽事（84場鐵人三項 1場三鐵接力 2場鐵人兩項 77場馬拉松及路跑 30場自行車賽 3場長泳賽，完賽率100%），並擔任多場知名海外賽事台灣官方代表。

　　曾獲教育部體育署第五屆「我是運動創業家」創新創業競賽社會創新組第二名，受多間媒體專訪，如大愛衛視電視台《小人物大英雄》——按讚啦！醫護鐵人、人間衛視電視台《魯蛇玩很大》第192集 奔跑吧！人生 跑出新方向——陳彥良、今周刊《醫護鐵人陳彥良》：我救心也自我養心。曾擔任「運動筆記」專欄作家，並獲選「運動筆記」人氣心得瀏覽率第一名，作品屢獲海內外媒體翻譯刊載。

PART 1
跑步、單車訓練路線與模擬賽道

北北基

國手之道——木柵河濱
貓空杏花林
石碇小格頭
中和烘爐地
美堤河濱公園
雙溪——平溪
軍艦岩
冷水坑
大湖山莊——五指山
故宮——風櫃嘴
風櫃嘴A進B出
石碇——福隆
雙北山海連線
環新北基隆自行車道

北 部

頭城——福隆
石門水庫
茄苳景觀大道
十八尖山
西濱公路
內灣——宇老

中 部

東海大學——台中都會公園
忘憂谷高美濕地
歌劇院——新市政中心
中科園區台積電

南 部

佛光57
二寮觀日
愛河畔
鳳凰山
玉門關環狀線
恆春半島

東 部

知本溫泉縣道194
台11線八嗡嗡海岸

國手之道——木柵河濱
路線指南

總距離：來回20.8km
總爬升：約14m

公館水岸廣場（0km）
↓
福和橋下（0.6km）
↓
景美橋下（3.3km）
↓
寶橋下（6.0km）
↓
恆光橋下（7.6km）
↓
萬壽橋下（9.1km）
↓
河濱公園道路與木柵路五段交界處
（10.4km）

#平路 #入門 #兩鐵訓練

國手之道——木柵河濱
跑騎訓練路線

帶路人：姜義村
挑戰度：★☆☆☆☆

> 「萬事起頭難」這句話絕對不適用於這個練跑步騎車的聖地。這條路線非常友善，不論是剛入門的新手還是有多年經驗的專業選手，都能滿足你的需求，也鼓勵身心障礙朋友多多利用，讓你輕鬆享受「跑騎的無比簡單」，開啟三鐵生活！

起終點雙橋下跑者訓練基地

位於台北市中心永福橋旁的公館水岸廣場，是雙北跑者中極受歡迎的練跑基地之一，吸引了來自大台北地區各地的跑者前來。將水岸廣場設為起點，如果開車或者需要搭乘復康巴士接送，可約在永福橋旁的自來水園區水岸停車場集合；如果搭乘大眾運輸，可以從捷運公館站前往起點，並從水岸廣場旁的大下坡道進入福和橋下開始練習。如果開車遇到人流較多的情況，可停在近福和橋的公館停車場，從寶藏巖旁便道進入河濱。

永福橋→福和橋→景美橋：
體驗 3km 國手之道

　　從公館永福橋經福和橋，再延伸至景美橋的河濱公園，全長約3公里，被稱為國手之道，每天都吸引眾多跑者前來練習。因為路段附近有高架橋和大樓的遮陽效果，無論冬夏都非常適合跑團或車友揪團約跑約騎。

　　永福橋往福和橋的河濱道路僅約600公尺，要特別注意其中有一段相當陡峭的下坡，提醒身心障礙者或陪伴者在末端的交會處務必格外小心，請減速並注意四周的跑者或騎士。到達福和橋後往景美橋方向跑，這段路程坡度雖稍有變化，但因為路寬且路況良好，不少高手會在這練高強度或間歇衝刺，別不小心跟錯被拉爆！

- 氣候特色：台北盆地氣候，夏季炎熱建議早晚練習、冬季涼爽非常適合訓練。若遇颱風季節有可能封閉不開放
- 如何到達：開車至自來水園區水岸停車場、公館停車場；搭車至捷運公館站附近
- 補給點：自來水園區水岸廣場、福和橋、北新橋、寶橋、萬壽橋、道南河濱公園共融式遊戲場都有販賣機

　　國手之道會經過溪州公園的福和壘球場、棒球場、籃球場、網球場和幾個小型公園，可以邊訓練邊欣賞熱鬧多樣的運動群眾和景觀。額外的好處是，經常可看到許多知名選手在此訓練，或許能偶遇在電視轉播中見到的明星或國手，路邊也常見攝影師捕捉跑者練習動人的畫面。

　　值得一提的是，從福和橋往南走的

左：道南河濱公園景色開闊，對岸是政大校
右：景美河堤有各式激勵人心的彩繪

1.5公里，可說是河濱公園中最寬敞安全的路線，非常適合視障者與陪跑員並肩練習，或是需要更大空間的輪椅跑者練習。如果不想跑太遠、擔心回不來或需要適時補給的朋友，在這段來回約3公里的跑道上奔馳絕對是個不錯的選擇！

景美橋→木柵路五段：
享受景色多變的跑道

這一段路的景色變化相當豐富。從世新大學旁的河岸跑道開始，地勢開始有高高低低和轉彎的變化，路寬相對較窄，但也因此顯得幽靜。穿越景美溪橋後，道路變得較為寬敞，除了右邊的河景外，左邊河堤有各式各樣的彩繪供人欣賞。

一路跑到道南河濱公園入口，景色一片開闊，眼前是寬廣的共融式兒童遊樂園，對岸則是政大校園，可以看到對岸有壘球場等各類球場的運動設施，再往前一點就會看見對岸的貓空纜車站和

動物園。當你看到動物園站時，表示即將抵達終點，準備折返囉！

路線多元加碼訓練

這條路線有很多元的加碼選擇。如果想訓練爬坡能力，可以在永福橋和福和橋之間的大上坡來回練習。這段路附近有廁所和水源，還有商店可以購買補給品，如果太累也能輕鬆找到地方休息，非常適合想要增加強度或練習間歇的你。

到了恆光橋或萬壽橋時，也可以加碼挑戰貓空，登山呼吸一下新鮮空氣。如果是夜跑，還能同時欣賞大台北盆地的夜景（詳見P.30貓空杏花林山路訓練路線）。不過，進行加碼訓練前一定要謹慎評估自己的能力，下山時因為坡度較陡，務必注意安全。

此外，愛騎車的朋友抵達終點動物園站後，也可以繼續向前加碼，前往深坑與平溪的丘陵地區，提升練習效果。

模擬賽道 台灣
LAVA TRI 大鵬灣鐵人賽

> 全台唯一封閉國道的鐵人賽事，賽道地形平坦，單車及跑步都具備破PB的絕佳條件，是菜鳥鐵人或身障鐵人非常適合參與的友善賽事。

訓練重點

大鵬灣的標鐵51.5比賽節奏相對緊湊，對於職業或準職業選手而言，比賽強度可以拉到很高。因為游泳項目進行T型泳道的定位有一定的難度；單車賽道是全線封閉高速公路，適合瓦數全開極限飆速；10公里的平路跑道更是破個人最佳紀錄的良好條件。

對初學者而言，上述賽道條件造就了絕佳的友善賽事。游泳雖然在無波浪或潮流的潟湖而且是浮力較高的海水，但「T型泳道」對不熟悉開放水域的人是個挑戰，建議以自由式參賽者務必培養抬頭定位的能力；單車段沒有彎道或轉彎技巧的要求；跑步段則是沿海邊推進，其中經大鵬灣橋有個較陡的上下坡，平時在河濱國手之道的永福橋和福和橋之間練習上下坡，能運用於此。

然而，全數選手共同要面臨炎熱高溫，在高溫下體力會快速流失，容易疲勞或意志力削弱。因此建議賽前安排幾次在中午時分前往河濱，進行短距離的體感訓練，體驗在烈日下運動的感受，可減少比賽當天的震撼程度。

比賽策略

炎熱的陽光是每年比賽「標配」，如何在高溫下分配體力與適當補給，是最重要的比賽策略。單車賽道適合高速狂飆，但別忘記配速以分配體力，特別提醒在折返點的下坡轉彎處應減速以確保安全。路跑在高溫下很容易引起抽筋或熱衰竭，請多利用補給站、降溫水桶或冰塊來補充能量和降低體溫。

LAVA TRI 大鵬灣鐵人賽

每年鐵人賽的封關之戰，除了標鐵51.5公里組別，也有提供不會游泳的53二鐵、剛學游泳的50.3等多樣選擇。

賽事資訊

- 歷年舉辦時間：12月
- 賽事地點：屏東大鵬灣濱灣碼頭
- 參賽條件：不諳水性者可選擇跑騎跑的53二鐵組；有短程游泳能力可參加游300m的50.3三鐵組；51.5標鐵選手若擔心在開放水域游泳有心理恐懼，可攜帶魚雷浮標參賽
- 賽事亮點：①全台唯一封閉國道的鐵人賽事 ②游泳項目在天然囊狀潟湖，無海浪或潮流，相對安全與入門門檻低 ③有趣的咖啡船活動 ④適合1-2天的南洋風情旅遊、品嚐東港海鮮

大鵬灣賽道友善，吸引許多身障朋友參與，每年「愛運動動無礙」團隊都有許多夥伴參賽

貓空杏花林
山路訓練路線

貓空杏花林
路線指南

總距離：騎12km+跑5km
總爬升：約306m

道南河濱公園（恆光橋下）
（0km）
↓
政治大學後門（0.3km）
↓
文山老泉杏花林（4km）
↓
明德宮（4.5km）
↓
春茶鄉（5.7km）
↓
貓空站（6km）
↓
道南河濱公園（恆光橋下）
（12km）

帶路人：李翰暄
挑戰度：★★★☆☆

　　從台北市南區的道南河濱開始，一路往上挑戰貓空山路，途經老泉街及杏花林，這段多數是上下坡的路線，可結合跑步及單車訓練，其中去程的上坡6公里有300公尺爬升，對下肢肌耐力的需求較大，適合想挑戰有爬坡賽段的標鐵51.5朋友前來訓練。

跑步訓練：恆光橋 → 一壽橋 → 濟賢橋 → 恆光橋

　　從道南河濱公園的恆光橋下起跑，先往景美方向的一壽橋折返後，再往政大方向的濟賢橋，再次折返回到起點恆光橋下，一趟剛好5公里。這段路不經過任何汽機車出入口，而且符合賽事補水的規範距離，相當適合作為路跑跑者及騎車後跑步的轉換訓練。如果是做轉換訓練，起點恆光橋下的牆邊及欄杆皆可放置自行車。

　　這條路線的額外好處是，木柵一帶近山區，空氣清新、氛圍清幽，河濱道路上跑者與單車騎士不多，跑起來相當舒爽。

距離：單程 6km
爬升：約 306m

■ 騎車路線
■ 跑步路線

自行車訓練：恆光橋 → 貓空站
騎經國手之道起點

　　本路線從起點政大後門一路爬升至貓空，這段路車流量較少，地形穩定爬升，上坡6公里有300公尺的爬升，對於下肢肌耐力需求較大。車友們往往會在緩下坡後未控制好速度，使得上坡無力感特別重，建議以低齒比的方式上至貓空站進行折返。

　　貓空站即貓空纜車的終點，其周遭是台北市南區重點觀光勝地。訓練路線行經文山老泉杏花林，如果恰逢2-3月杏花花季，滿滿的粉紅與純白景致，適合女孩們來拍攝網美照。接著行經明德宮，可作為稍作休息補水。到達折返處貓空站，站前招牌貓咪石像是旅客來此

- **氣候特色**：台北市春秋季均溫約 20-30℃ 適合騎車，夏季較炎熱建議 7:00AM 前出發；冬季山區氣候不穩，較不建議訓練
- **如何到達**：開車停在保儀路平面停車場；搭大眾運輸可至捷運動物園站，離道南河濱約 2.5km
- **補給點**：萊爾富便利商店 北市貓空店

一遊的必拍景點，貓空站萊爾富則是回程之前相當重要的補給站。

　　此外，到達貓空站之前會先經過「春茶鄉」，這是貓空國手之道的起跑點，週末早晨時常有國手及市民跑友一同上山做跑步訓練。春茶鄉是在地知名的美食餐廳，地處位置能讓人邊用餐邊眺望台北盆地，很適合跑友、車友揪團到此訓練兼觀光，享受運動訓練以外的動人風景。

捷安特自行車嘉年華 ― 大小鐵人二項

本賽事的單車賽道總爬升約398公尺，因此建議平時要訓練上下坡，讓身體對比賽地形有更好的適應能力。而前頁介紹道南河濱爬升至貓空站的坡度，剛好可模擬捷安特賽道的坡度，並透過山路轉彎訓練控車能力。

訓練重點

　　單車賽道從麗寶樂園的麗寶國際賽車場繞圈出發，向外經外埔、大甲地區，至北堤東路舊義里大橋回麗寶樂園轉換，途中轉彎處多，總爬升約398公尺。跑步賽道Run1麗寶賽車道一圈2公里較為平坦，Run2麗寶樂園外圍一圈10公里，坡度皆為緩坡上上下下。

　　自道南河濱（恆光橋下）開始騎乘，經杏花林至貓空站，這條路線整體坡度剛好可以模擬捷安特賽道坡度較陡的路段，並且有不同的轉彎位置可訓練控車能力，以利比賽調整騎乘速度及穩定性。若要轉換至跑步訓練，可在恆光橋下進行肌肉適應能力，建議日常訓練以全馬至半馬配速進行轉換跑。

跑步與自行車項目皆從麗寶國際賽車場出發

比賽策略

　　在麗寶賽車道Run 1，以最舒服的體感跑10公里配速強度。T1進入自行車賽道，在北堤東路前20公里前盡可能保留體力，北堤東路為逆風段，請放鬆維持體感，如此到了T2麗寶樂園Run 2，才能穩定地將最後10公里完成。

捷安特自行車嘉年華――大小鐵人二項

捷安特自行車嘉年華擁有悠久的歷史，主打「1個人＋1個家庭 全家人的自行車樂園」，適合休閒與挑戰者一同來前往參賽。

賽事資訊
- 歷年舉辦時間：9月中旬的週末
- 賽事地點：台中麗寶樂園（依實際公告）
- 參賽條件：一般民眾皆可參加，依本身實力可選擇個人組與接力組；小鐵人參賽年齡6-12歲
- 賽事亮點：①賽場位於台中麗寶國際賽車場　②賽道變化有趣　③全國頂尖好手共場　④設有接力組提供初學者參加

模擬賽道 泰國
普吉島樂古浪鐵人三項

普吉島樂古浪鐵人三項起終點海岸

> Laguna Phuket Triathlon是東南亞歷史最悠久的鐵人賽，過去近30年吸引了無數高手和分齡組愛好者齊聚這座熱帶島嶼。本文針對該賽事鐵人二項（Laguna Phuket Duathlon，以下簡稱LPD）提供建議，其單車賽道有許多起伏，備賽需要練習爬坡，從道南河濱到杏花林的連續爬坡，可訓練平路與坡度之間的肌肉轉換。

普吉島樂古浪鐵人三項

舉辦於度假勝地普吉島樂古浪，2023年已邁入第29屆，是東南亞歷史最悠久的鐵人三項賽事。2019年獲泰國政府評為競技與健身運動的榮譽貢獻者、2020年被英國《220 Triathlon Magazine》列入世界最佳鐵人三項游泳項目的前8名。

賽事資訊

- 歷年舉辦時間：11月中旬的週日
- 賽事地點：普吉島Laguna Grove
- 參賽條件：年滿18歲
- 賽事亮點：①游泳項目可同時在安達曼海和淡水湖泊中優游　②單車賽道穿越普吉島鄉村與村莊　③跑步賽道涵蓋整個普吉島樂古浪區域　④鐵人三項與二項同天舉辦

訓練重點

　　LPD採4公里跑步＋50公里單車＋12公里跑步。建議備賽時一定要挑選有坡度的路段進行訓練，而選擇杏花林貓空路線，就是要讓選手在賽前除了平路以外，也能針對爬坡預先做準備。同時搭配道南河濱路段騎乘及杏花林貓空爬坡，可做平路與坡度之間的肌肉轉換。

　　跑步段則要注意，進入Run 2賽道較有坡度，整體雙腿負擔比較大，因此必須強化跑坡技巧，同時將日常訓練加入重量訓練，加強下肢肌耐力，增進自己在賽道後段仍能保持腿部肌力。

比賽策略

　　泰國氣溫高，加上單車賽道的後段坡度起伏較大，在比賽中水分補給與能量膠策略必須清楚判斷。本身訓練量穩定、三鐵車控車能力穩定，且下肢肌力較好的選手，可以在前段先把速度穩定起來，一般建議騎公路車＋休息把上場挑戰。

　　跑步項目的12公里賽段有許多上下起伏，在經歷單車後段坡度的疲勞轟炸後，跑步就變得更加挑戰。剛轉換到跑步後，請先以找到自己舒適的跑步節奏為主要目標，等進入狀況，再依照當下的配速選擇維持或加速。

石碇小格頭
天堂＋地獄路線

帶路人：柏青哥
挑戰度：★★★★☆

石碇小格頭
路線指南

總距離：騎來回64km＋跑5圈9km
總爬升：約510m

青年公園（0km）
↓
馬場町紀念公園（0.5km）
↓
福和橋（4.1km）
↓
7-11碇富門市（23.5km）
↓
石碇老街（25.8km）
↓
格頭里 - 北47石碇大茶壺（32km）
↓
青年公園（64km）

從台北市西南側河濱開始，途經平坦且景色宜人的景美溪河濱道路與動物園，接著挑戰石碇北47長達8公里的連續爬坡，折返後吃碗豆花當犒賞自己。整條路線兼具平路與爬坡，適合想挑戰113公里中長距離的鐵人進行訓練。

起終點優質鐵人三項訓練場

位於台北市西南側的青年公園腹地開闊，是市區內少見的優質鐵人三項訓練場地，園內有雙50公尺游泳池（室內常年開放標準50米泳池，戶外泳池最深達2公尺），適合中高階鐵人來進行課表訓練。而筆者創立的「焦耳極限訓練中心」就在泳池門口，店內販售鐵人需要的裝備與補給品，亦可進行自行車功率訓練，因此開練前可在此補充訓練所需物品、寄放行李，或是將車子打氣整備。此外，公園內道路可作為騎車後跑步的轉換訓練，一大圈約1.8公里，不經過任何汽機車出入口，安全無虞。沿途有多個公共廁所與飲水機，不用擔心上廁所和沒水喝的問題。更棒的是，園內綠樹成蔭，練跑時既涼爽又能享受芬多精的療癒。

距離：單程 32km
爬升：約 510m

騎經國手之道外星人集散地

青年公園出水門後就是馬場町公園河濱，沿河濱往東南方騎不久會經過福和橋下，這裡是台北市的跑者聚集地，起初由於馬拉松國手張嘉哲團隊在此固定訓練，而被稱為「國手之道」。每週末都有許多跑者集合在橋下進行訓練，因此騎車經過必須特別注意安全。此外，如果被跑者輾過請不要太難過，畢竟這裡是外星人的集散地。

騎經國手之道後是景美溪河濱公園，這段二線道路平常跑步與騎車的人不多，安全性高。沿河濱通往木柵交流道，接106縣道後經過深坑，即進入石碇。

北 47 連續爬坡後以豆花犒賞努力

到市道106與106乙交接處有兩間便利商店，建議可在此短暫休息並補給再上路，因為接下來就是連續約8公里的上坡。沿著106乙繼續前進會經石碇老街，

- **氣候特色**：台北市春季秋季均溫約 20-30℃適合騎車；夏季較炎熱建議提早出發，9 點之後氣溫會高達 32-35℃。冬季山區容易下雨而且較冷，不建議訓練。
- **如何到達**：青年公園距離萬華火車站與古亭捷運站約 1.5km，開車可利用高爾夫練習場或是棒球場地下停車場。
- **補給點**：7-11 碇富門市

老街的石碇豆花相當有名，不過建議回程再吃，因為吃太飽恐怕爬不上去北47連續上坡喔！

北47道路車輛較少，安全性佳，連續約8公里的上坡爬升450公尺左右，難度適中。風景優美，早上幾乎曬不到太陽，非常適合夏季訓練，是台北市南區許多自行車友深愛的路線。要注意的是，北47上坡終點與台9線北宜公路相接，路上有許多競速的超跑與重機，練騎請盡量避開這段路，建議騎到北47坡頂的石碇大茶壺拍照後，就可以下滑去石碇老街吃豆花準備折返到起點了。

模擬賽道 台灣

普悠瑪鐵人三項113單車段

> 「石碇小格頭」路線包含上下坡的地形，在秋冬季，木柵河濱往石碇方向幾乎是逆風，回程則順風，這樣的路線剛好適合模擬普悠瑪單車賽道在台11線濱海公路不同風勢下的配速。

普悠瑪單車賽道沿著海岸線，大致平坦略有起伏，沿途可欣賞美麗的海景

訓練重點

　　普悠瑪鐵人三項賽的單車賽道是沿著東部台11線往北約45公里後，在八嗡嗡海岸折返一圈90公里，總爬升約420公尺。地形大致平緩，但中段有不少上下坡，感受比較深的是水往上流以及爬上金樽的爬坡。因此，平常訓練不能挑選全平路的路線，而是要有如「石碇小格頭」路線這種包含上下坡的地形，才能讓雙腿提前適應比賽時的壓力。

　　為了模擬在濱海公路逆風與順風下騎乘，從「石碇小格頭」路線的木柵河濱一路往石碇方向騎乘，如果在秋冬季，這段路線幾乎都是逆風，回程大多是順風，剛好可以模擬台東來回不同風勢下的配速，並可嘗試在去程採用比賽配速目標功率高5%來進行訓練。

比賽策略

　　賽事舉辦的3月份以東北風居多，因此選手在單車項目會在往北時遇到逆風，好在早上通常風勢不會太強，回程則是順風居多。對於想要爭取成績的選手，必須在去程時多用點力氣爭取時間，因為回程順風時很難拉出優勢。

普悠瑪鐵人三項

賽事已在台東活水湖舉辦多年，活水湖水質清澈見底，水深約2-3m，能見度佳，是台灣鐵人最愛的場地。每年初總是聚集許多好手在此競技，也是國內少數針對優秀選手提供獎金的場次，因此競爭相當激烈。

賽事資訊
- 歷年舉辦時間：3月中旬的週末
- 賽事地點：台東森林公園與活水湖
- 參賽條件：一般民眾皆可報名，依據本身實力可選擇競賽組或挑戰組
- 賽事亮點：①賽場位於台灣鐵人的故鄉　②補給豐富　③獎金豐富，許多國內菁英好手參賽　④設有接力挑戰組提供初學者參加

模擬賽道 日本
五島長崎國際鐵人三項

> 五島賽事的單車賽道有許多上下起伏，難度類似IRONMAN 70.3墾丁單車路線，賽前要挑選有上下起伏的路線進行訓練。因此選擇石碇小格頭路線，就是要讓大家在賽前除了平路以外，也能針對爬坡預先做準備。

訓練重點

備賽的鐵友可在騎到石碇小格頭的北47坡頂做一趟下滑後，再回頭爬上北47一次，或是從隔壁的北47-1往北宜公路爬至風嘴約9公里，再折返經過河濱回程，可以達到更好的模擬訓練效果。

此賽事游泳項目要特別注意，這裡6月中的海水溫度只有20度上下，對於國內選手算低溫，且有不小的海浪，因此必須強化海泳技巧。至於單車和跑步在18-25度氣溫下進行，涼爽甚至有寒意，對怕熱的選手來說相對舒適。

比賽策略

面對五島賽事自行車賽道的上下起伏，除非腿力驚人而且控車能力極佳的選手可以騎三鐵車上場，否則一般建議騎公路車＋休息把上場挑戰。

跑步項目的路線也有上下起伏，在自行車項日坡度摧殘之後，雙腿會在跑步時受到極大挑戰。加上A type 226公里關門時間只有15小時，實力不夠的選手往往會被關門。因此建議大家先挑戰距離稍短的B Type，即游泳1.6公里、自行車101.7公里、跑步21.1公里，總距離約125公里。

長崎縣五島市形像人物「婆羅門醬」巴士

五島長崎國際鐵人三項（怪獸王）

五島列島位於九州長崎西邊外海，18世紀由於幕府的宗教壓迫，使許多天主教徒逃往五島隱居，因此留有不少天主教堂遺址，被列為世界遺產。這裡以往是日本IRONMAN的場地，2010年後由地方單位接手改名「怪獸王鐵人賽」，難度適合進階選手挑戰。

賽事資訊
- 歷年舉辦時間：6月中旬的週日
- 賽事地點：日本長崎縣五島列島福江島
- 參賽條件：有完成過標鐵51.5km以上距離鐵人賽事，經大會審核通過者
- 賽事亮點：①島上有不少天主教堂遺址被列為世界遺產　②五島的海鮮與牛肉料理相當有名　③保有豐富的自然景觀　④適合熱愛美食與戶外活動的鐵友

中和烘爐地
土地公加持練坡聖地

帶路人：李詹瑩
挑戰度：★★★★☆

中和烘爐地
路線指南

總距離：來回7.2km
總爬升：約167m

南勢角捷運站（0km）
↓
鑫北一游泳池（1.4km）
↓
南山觀音寺入口（2.6km）
↓
烘爐地停車場（3.4km）
↓
福德宮停車場（3.6km）
↓
南勢角捷運站（7.2km）

烘爐地南山福德宮位在海拔302公尺的南勢角山上，開闊的視野為著名觀賞大台北夜景的熱門景點，佇立山頭的巨型土地公像則是北台灣求財最旺的土地公廟。這裡因為交通便利、路線距離短、坡度陡、風景佳且補給點多，成為追求高強度的跑者及單車騎士很喜愛的訓練地點。

瞬間坡度 17% 的高效三項訓練路線

因為喜歡有效率的練習方式，所以烘爐地是住在中和的筆者從小很愛的訓練寶地。從山下到山頂是一條長約2.5公里、瞬間坡度高達17%的路線，雖然距離短但很陡，騎車或跑步上下來回2-3趟，都可以讓肌力和心肺大增。

這條路線可以單練習一項，也能游泳、騎車、跑步三項都練習。從山下的馨北一游泳池（原北一游泳池，室外池50公尺）做游泳訓練；接著騎上烘爐地山頂來回

- **氣候特色**：因海拔不高，天氣同一般平地
- **如何到達**：開車或騎車可停在福德宮停車場、竟南宮（仙公廟）停車場；大眾運輸可搭台北捷運至南勢角站
- **補給點**：捷運南勢角站、鑫北一游泳池、南山觀音寺、烘爐地停車場、福德宮停車場、烘爐地南山福德宮

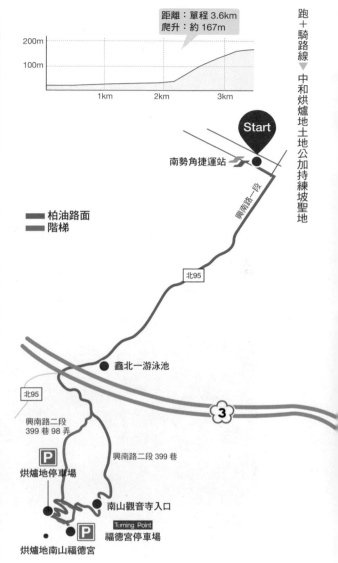

2趟；再轉換跑步。透過不同項目、肌群的轉換是一項考驗也能幫助成績進步。

最方便的是，這條單程短短2.5公里的路線上補給點與廁所林立，途中的停車場都設有廁所和水，山頂的福德宮週遭更有商店、販賣機，訓練後可以好好看風景，放鬆休息。

陡坡練跑、練騎須知

從南勢角捷運站出發到南勢角山腳下有兩條路線可選擇——柏油路面和階梯。在筆者的國手時期，會利用這兩條路線做跑步交替訓練。跑坡訓練因為路線含有高低落差，可以更幫助跑者增加肌肉的力量、穩定下肢肌群。另外，跑上坡時腿會抬更高，也可以訓練、調整好跑姿。上坡建議可以把步頻加快、步幅小一點；下坡時千萬不能放鬆亂跑，很容易造成膝蓋壓力太大而受傷，要記得核心用力，若重心太靠前會跌倒，太靠後則是在剎車。

如果是單車車友練騎，要先注意脫卡是否可以很順暢、熟練，因為路線較陡，常常容易定竿摔車（筆者當初才剛騎公路車上卡，就不自量力騎這條路線，馬上摔1次）。上山的路大多都有10%以上坡度，若第一次來訓練，建議選早晨車少時分較安全。

模擬賽道 台灣

飛龍盃烘爐地馬拉松

> 這是一場非常具挑戰性，坡度有20%以上的馬拉松賽事。除了必經前頁所述的南勢角通往山頂烘爐地南山福德宮路線，馬拉松賽道更從山頂出發後繞道柴埕路山，途經河濱折返，總共會爬3座山，路窄坡度陡，上上下下很消耗體力，因此先在賽道上模擬訓練是相當有效的備賽方法。

從上往下看，除了有挑戰性的連續髮夾彎，還可以俯瞰整個台北市區風景，讓人忘記剛剛跑上來的辛苦

訓練重點

報名飛龍盃烘爐地馬拉松後，建議先確認賽道路線及坡度，通常會爬3座山（柴埕山x2、烘爐地山），坡度較高，因此在訓練時需要針對這些特點加強。建議採用交替式訓練，包括長距離跑步、爬坡、下坡、階梯訓練、重複模擬賽道等。

日常訓練每週跑3次以上，一次以長距離河濱為主，搭配一座山為輔；一次跑山訓練爬坡為主，距離較短，路線包含有高度落差的山路，能幫助鍛練肌肉

的力量，穩定下肢肌群、提升體能和心肺功能，更能讓身體具備適應賽道變化的能力；一次是綜合性訓練，包含飛龍盃烘爐地馬拉松賽道的兩座山路及河濱平路，因為柴城路的路較窄、坡度陡，且有較多石頭和樹枝，所以更需要做模擬訓練，以因應比賽當天的天氣和賽道等狀況。

　　此外，要特別注意訓練時的安全。建議搭配合適的跑山裝備，例如越野跑鞋及水袋背包，越野跑鞋具有更好的防滑、耐磨和支撐性，可以保障跑者的腳部安全。

比賽策略

　　比賽當天：請再次複習賽道地形並更新天氣狀況，例如是否下雨、氣溫，以及補給點在哪些位置，才可以更確認選擇適合的裝備和策略。

　　開賽前：請扎實做好熱身，因為一開始就是長下坡，如果熱身不夠會導致雙腳容易受傷。

　　比賽過程中：注意心率和配速，上坡時保持平穩呼吸，盡量以步頻快、幅度小一點為主；下坡時，要注意核心出力、腳步掌握，重心避免落在太前或太後，否則容易跌倒或煞車。分配體力也在比賽中至關重要，畢竟跑完柴埕兩座山頭，最後還要再跑一座烘爐地山。

烘爐地著名的土地公神像，從山腳下就可以看到，就像給我們一個很醒目的目標，朝祂前進就對了！

飛龍盃烘爐地馬拉松

這是場挑戰性高但非常歡樂的馬拉松賽，補給點充足，一路上民眾很熱情地加油，選手可以沿路享受跑步的過程與美景。完賽後還有熱水沖洗服務、辦桌美食等努力過後的小確幸。

賽事資訊
● 歷年舉辦時間：12月初
● 賽事地點：中和烘爐地南山福德宮
● 參賽條件：年滿18歲
● 賽事亮點：①前一晚就可以到會場休息，只需酌收清潔費$150　②免費賽後熱水沖洗服務　③賽後辦桌選手交流（自費）

美堤河濱公園
路線指南

總距離：兩端來回14km
總爬升：約26m

美堤碼頭停車場（0km）
↓
圓山河濱公園（3.5km）
↓
美堤碼頭停車場（7km）
↓
麥帥二橋橋下（10.5km）
↓
美堤碼頭停車場（14km）

台北　#平路　#河濱　#安全

美堤河濱公園
長距離訓練路線

帶路人：Misa
挑戰度：★★☆☆☆

河濱無疑是台北市跑者和單車騎士的熱門訓練場所，無論早晚都有眾當多運動和散步的民眾。不過，位於中山區的美堤河濱公園相較於其它河濱段人潮不多，離汽車道路也有一段距離，是一條位處市中心卻難得能感受到寧靜的跑步路線。

起終點也是最佳補給中繼站

　　起點美堤碼頭停車場內有4-5個乾淨的流動廁所，在離起點往圓山方向約400公尺處，還有一台可多元支付的飲料販賣機。到了夏天，冰涼的冷飲絕對是跑者們辛苦訓練的最佳餽贈，建議事先將運動手錶綁定信用卡，就能省掉帶一堆零錢的重量。如果開車或騎車停在美堤碼頭停車場，可直接將自備的補給品放車上，每趟來回7公里固定補給1次。

沿路驚喜不斷的訓練路線

　　此路線適合配速跑及長距離訓練。從起終點美堤碼頭停車場出發先往圓山方向，經過大直橋下、繼續跑至

跑步路線 ▶ 美堤河濱公園長距離訓練路線

距離：兩端來回 14km
爬升：約 26 m

來來豆漿
樂群二路　　內湖路
明水路
大直橋　捷運大直站
基隆河　堤頂大道二段
Start
大佳河濱公園
P　美堤碼頭停車場
Turning Point
圓山河濱公園
濱江街
迎風河濱公園
新生高架道路
復興北路地下道
建國高架道路
松山機場
民權東路二段
捷運松山機場站
民權大橋
彩虹河濱公園　麥帥二橋橋下
Turning Point
麥帥二橋

圓山河濱公園再折返。沿著基隆河岸，車友們從旁呼嘯而過，望著聳立在遠方的台北101、時不時抬頭還會看見飛機起飛降落，以及近在咫尺的圓山大飯店，這些景觀都讓人忍不住沈浸在舒服的運動氛圍中。往圓山河濱公園這段路均平坦無風，但折返回停車場前約500公尺處有一小段上坡，起初可能影響不大，但多跑幾趟後，當心小上坡也可能成為壓倒駱駝的最後一根草。

　　跑回美堤碼頭停車場補給小歇，接續往內湖方向跑至麥帥二橋下折返。這段起頭就會經過兩座壘球場，幸運可聽到球場上發出歡呼聲，彷彿大家都在為你加油，跑起來特別有力！再往前大約1公里，河濱健身器材廣場即出現在右手邊，如果跑膩了，停下來練肌力也不錯。這段路依然平坦無坡，唯一要注意的是偶遇逆風，尤其冬季時東北季風較強，務必在領跑人後方躲好躲滿。

　　上述全程總距離約14公里，筆者以

- 氣候特色：冬季盛行東北季風，均溫約 17-20℃；夏季盛行西南季風，均溫約 25-30℃
- 如何到達：自行開車或騎車從基 16 號水門進入至美堤碼頭停車場，找離流動廁所較近的停車位
- 補給點：美堤碼頭停車場的車上自備補給；離停車場約 400m 處的飲料販賣機

往習慣重複2趟約28公里，大家可視自己的課表決定趟數。強烈建議，因為全程幾乎無遮蔽物，請盡量早起開跑，並備妥帽子及墨鏡保護眼睛，除非你想耐熱訓練順道補點黝黑膚色。

　　大熱天完成課表後，推薦前往離起終點1公里多的「來來豆漿」，喝杯柴香豆漿配Q軟厚蛋餅尬上自製辣椒醬，為美好的晨間訓練劃下句點。

長榮航空城市觀光馬拉松

長榮航空城市觀光馬拉松（以下簡稱長榮馬）和其他舉辦於台北市的全馬賽事路線大同小異，不過長榮馬有個很大特點：空姐跑在你身邊（愛心）！光是這點就足以大力推薦。賽道多數是河濱路段，其中也有經過美堤河濱路線，因此常常在這條河濱做訓練，到比賽就能駕輕就熟了。

訓練重點

本訓練重點針對以長榮馬為初馬的跑者。準備期間先以有氧打底為主，美堤河濱路線除了練習長距離之外，也適合有氧打底練習。早晨河濱空氣好，沒有太多車子來來往往的困擾，維持在有氧心率緩跑相當舒服。進入課表中期，待身體習慣跑步的節奏後，可以加點速度、再加點距離，慢慢累積跑量，減少跑步帶來的厭世感，同時也可以避免初馬變成收山馬。

比賽策略

初馬跑者在賽事前（約2週前），就要開始測試當天補給策略是否適合自己。例如：跑前預計吃的食物、跑步間的補給品、比賽途中如何攜帶補給品、如何拿取比較順手。

當開跑時，注意避免速度過快、別被地上的貓眼石絆倒，這是當下最重要的兩件事。其他的，就看平常練習的造化了。

長榮航空城市觀光馬拉松

台灣少數獲得國際馬拉松總會暨路跑協會（AIMS）國際認證賽事，也是北台灣的熱門路跑賽之一。自2022年起增設全程馬拉松組，共有全程及半程馬拉松、10km，以及親子同歡的3km組。

賽事資訊

- 歷年舉辦時間：10月的第三個週日
- 賽事地點：凱達格蘭大道、大佳河濱公園
- 參賽條件：全馬及半馬組限年滿17歲；10km組限年滿7歲；3km組不限年紀
- 賽事最大亮點：①空姐跑在你身邊　②參加賽事還能賺取航空哩程數　③獎金豐富，值得好好拚的賽事　④豐盛的完賽物資

長榮馬賽道多數是河濱路段，此圖為往圓山的方向

模擬賽道 韓國

首爾馬拉松

首爾馬拉松堪稱亞洲最速賽道。台韓零時差加上宜人的天氣及親民的賽道，讓許多跑友紛紛抱著挑戰PB的期待報名參加。美堤路線可作為首爾馬的練習常備路線，美堤河濱跑得好，首爾馬拉松就沒煩惱！

訓練重點

備賽期間大致可安排為期3個月的訓練課表，內容包含短間歇、配速跑，以及長距離訓練，其中長距離訓練是務必咬牙完成的部分，訓練方法可見前頁。

比賽策略

報名之前就應注意一件重要的事。首爾馬分區機制據說頗為嚴格，選手如果被排在後方出發區，但賽事當天自行從較前方的出發區開跑，會導致完賽後得不到成績。因此報名時必須出示自己最佳的成績證明，以爭取較早出發。

賽事當天，開跑前的體感溫度約10度上下，務必要帶著雨衣或可丟棄的保暖衣物。雖說首爾馬是親民宜人的賽道，其實也有需要注意的地方：一開跑迎面而來的是一大段緩下坡，可能讓跑者們失控加快速度，造成後半程體力分配不均，增加爆掉風險。尤其後半程有兩段緩而長的上坡，更需要多加注意。再者，賽道上只提供基本補給品：能量膠、運動飲料、水、些許水果，以及巧克力派（這應該是唯一讓人欣慰的食物）。從補給的角度看來，首爾馬真的是沒在讓大家「玩」賽的！

首爾馬的起點光化門

首爾馬拉松

亞洲歷史最悠久的馬拉松，也是世界田徑總會認證白金標賽事，被列入亞洲馬拉松大滿貫。賽道全程平穩，很適合創造個人PB。

賽事資訊

- 歷年舉辦時間：3月中旬
- 賽事地點：韓國首爾市光化門廣場──蠶室奧林匹克主競技場
- 賽事最大亮點：①不需花時間調時差　②體感溫度10℃上下，適合馬拉松競賽的天氣　③路線平穩寬廣　④比賽前後大嗑韓劇美食

雙溪──平溪台2丙 雙隧道爬坡路線

雙溪──平溪台2丙 路線指南

總距離：來回16km
總爬升：約205m

過港隧道口（0km）
↓
雙溪河花園（4.4km）
↓
平雙隧道口（8km）
↓
過港隧道（16km）

帶路人： 楊志祥
挑戰度：★★★☆☆

這是對跑者、單車騎士都相當適合的訓練路段，路面寬敞，道路都是雙向雙線道，還特別增設單車道，路上的紅綠燈間隔較遠，對於要進行跑步和單車訓練的人來說，有比較明顯且寬敞的練習區域，且富有爬坡的挑戰性。

起終點雙溪老街便利性高

　　此訓練地點位在新北市雙溪區，屬於較郊區的路段，在交通部分建議開車前往，可揪跑友一起搭車同行。交通工具可以停放至雙溪老街旁的7-Eleven雙祥門市周遭，在有便利商店的地方不論是休息，或是臨時需要添購食物飲品都比較方便，除了機能便利也臨近雙溪車站，如果有其他訓練以外的需求能較快解決，避免大老遠跑到訓練場地，結果無功而返。

照片來源：Tzu Hsien Yang

距離：來回 16km，單程 8km
爬升：約 205m

200m
100m
4km　8km　12km　16km

雙溪荷花園

Turning Point
平雙隧道口

平雙隧道

北38

清水二號橋

雙祥門市
7-ELEVEN
102
北38

雙溪車站
過港隧道

2丙

Start
過港隧道口

- **氣候特色**：春夏氣溫約 19-33℃，秋冬氣溫約 16-24℃，較台北市溫度低 1-2℃
- **如何到達**：開車停在 7-11 雙祥門市周遭；大眾運輸可搭台鐵至雙溪車站
- **補給點**：7-11 雙祥門市

一路爬坡的虐心訓練

　　從過港隧道開始一路往西邊跑，前2公里可以保持較輕鬆的步伐和速度，讓身體先熱起來。2公里之後開始跑自己的半馬或是馬拉松比賽配速，前段路線稍有起伏，穩定好自己的步頻去面對這些高高低低的坡段。

　　過了5公里，坡度比前段都大，可縮小步伐維持自己的步頻，因為面對上坡，速度一定會變慢，不要太在意速度落差了多少，請專注於穩定呼吸和步頻，並將目光放遠，保持身體直立，能有效地讓自己的跑步效率維持好。

　　整段爬坡約有3公里會抵達平雙隧道口，路上沒有遮蔽，是這條路線中非常虐心的部分。抵達坡頂後，直接折返接著一路下坡回起點。

　　每到假日，這條路也是許多單車訓練愛好者的熱門路段，可以通往福隆（詳見P.70石碇──福隆丘陵地飆速路線）以及單車勝地不厭亭。練車時應特別注意路上的安全，因為路面非常平坦、坑洞少，有時會出現速度較快的汽車及機車群呼嘯而過；另一方面也要注意自己的配速，因為在寬闊的道路上，一不小心就會超速了。

寬敞的路線是福隆的特色，不論是跑步或是騎車都是很好的訓練場地

IRONMAN 70.3 墾丁跑步段

台2丙雙隧道路線特別適合針對跑步賽段有坡的賽事來進行模擬。IRONMAN 70.3墾丁的跑步賽段正是約4公里的連續爬坡往社頂公園，在訓練時先練習如何虐心，到了比賽就可以維持好節奏並保持正向的心。

訓練重點

IRONMAN 70.3 墾丁的跑步段除了有長爬坡，同時要面對在墾丁炎熱的天氣、前兩項賽段已消耗的體力與肌力。上坡賽段，維持好節奏和心情保持正向樂觀是最重要的，面對上坡大家都一樣累，唯有保持好心態才能讓肌肉和精神維持好的表現。其它上坡的訓練重點可見前頁「一路爬坡的虐心訓練」。

下坡賽段的衝擊對肌肉是更大的負擔，無論在訓練或比賽當下，初期可以先增加步頻，不要把步距拉太大，確認好身體的穩定性和肌肉可以承擔的狀況，再逐漸加速，但建議步頻不比平路跑高於10下，避免肌肉有抽筋的狀況產生。即使此時感覺肌肉沒有什麼負擔，也不要太冒然地在下坡段加速，建議穩定速度，如果身體狀況真的比預期好，就可以在平路段拉快一些速度。

比賽策略

面對有坡度的賽事，前段需要有充足的熱身。以鐵人三項來說，游泳沒有坡度的影響，是很好的熱身，但游泳著重上肢的力量，所以在剛上岸後的單車項目要先做一些調整。剛出發時可採用輕齒比的方式先讓肌肉適應；大約2-3公里後逐漸加重齒比，讓肌肉恢復到預計比賽用力的節奏；遇到坡的初期也可以刻意讓轉數提高一些（比平常爬坡多3-5的迴轉數），肌肉適應後再抓回原本的節奏。因為單車和跑步段都有爬坡，建議在單車剛結束時，下腳踩的步伐小一點，在轉換區稍做伸展舒緩身體，再出發進行跑步項目。

IRONMAN 70.3 墾丁

路線環境較有挑戰，雖然要突破個人最佳成績有難度，但提供擅於爬坡的選手較好的發揮空間。

賽事資訊

- 歷年舉辦時間：10月份
- 賽事地點：恆春墾丁
- 參賽條件：年滿18歲
- 賽事亮點：①國際知名賽事，賽道具有一定規格的安全，分組排名前面者獲參與世界錦標賽資格　②路線有挑戰，對於擅爬坡的選手有發揮空間　③墾丁的旅遊環境非常適合遊玩

模擬賽道 紐西蘭

Challenge Wanaka 113km

在被大自然美景包圍的紐西蘭Wanaka，因為位處於南半球，比賽時的天氣比台灣溫暖。賽事的路跑賽段直上直下，與台2丙雙隧道路線的地形相同，備賽時，可以在單車訓練後，依照前頁建議進行跑步賽段的模擬。

訓練重點

　　賽事舉辦時間在2月份，此時南半球屬於夏季，氣溫約18-24度；同時期的台灣北部約12-18度，中部約16-22度，南部約18-25度，加上濕度影響，台灣的體感溫度更低一些。因為備賽Wanaka時台灣比紐西蘭更寒冷，可選擇早上9點以後到台2丙路段訓練，比較貼近Wanaka的實際溫度。

　　Wanaka的跑步賽道是直上直下，在模擬訓練時，配速建議保持前慢後快，模擬出最適合自己的比賽節奏。

比賽策略

　　Wanaka單車賽道海拔較高、起伏較大，雖然最高至最低海拔僅差100公尺，但全程有2-3次從最高至最低、再回到最高，平路相對少。單車飛輪齒比建議捨棄較重的齒比，並把大盤的齒比距離拉大，以應付劇烈的上下坡變化，飛輪可以選擇綿密一點的搭配，讓騎乘中變速時有比較好的選擇。

Challenge Wanaka

到訪過Wanaka的遊客幾乎都被大自然的美景所震攝，讓人忘記自己是來比賽的。而賽事除了鐵人三項組之外，也有鐵三角接力、陸上鐵人兩項、游泳加自行車、長泳、越野三項等，讓不同運動興趣的朋友不用遷就自己不擅長的項目，也能一同參賽玩樂。

賽事資訊

- 歷年舉辦時間：每年2月份
- 賽事地點：紐西蘭瓦納卡Wanaka
- 參賽條件：年滿18歲
- 賽事亮點：①賽道被大自然美景環繞　②賽事組別多元　③Wanaka自2023年起有不同的國際品牌賽事進駐，甚至在同一週、同場地能觀看到不同國際賽，對鐵人而言，到Wanaka參賽是一舉數得的選擇

Challenge Wanaka的跑步賽段
（照片來源：Challenge Wanaka）

軍艦岩環形野跑
路線指南

總距離：4.7km
總爬升：約250m

陽明交通大學正門（0km）
↓
軍艦岩登山步道入口（0.7km）
↓
軍艦岩（1.3km）
↓
260公尺峰前指示牌（1.8km）
↓
丹鳳山基點峰（丹鳳鐵塔）
（2.5km）
↓
照明淨寺（3.2km）
↓
軍艦岩登山步道
（山徑全長約1.5km）
↓
陽明交通大學正門（4.7km）

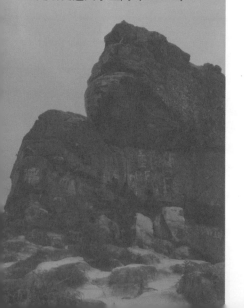

台北　#越野跑 #交通方便 #美景

360° 無敵美景
軍艦岩環形野跑

帶路人：江晏慶
挑戰度：★★★★☆

比起「丹鳳山」，這塊正面長得像野柳女王頭、背面看起來像軍艦的「軍艦岩」更為人所知！來此除了能360度遠眺大台北地區的美景之外，軍艦岩地域擁有獨一無二的地理與歷史故事，更是台北地區少見的高可跑性越野跑路線。筆者規劃一圈約4.7公里的環形路線，對於準備XTERRA Taiwan越野鐵人三項賽、越野跑，或是鐵人賽季的off-season做為交叉訓練，都是非常推薦的場地。

高可跑性兼具交通便利的越野路線

丹鳳山是北部少見的高可跑性越野路線，有很高的越野比例、階梯步道、陡爬升、技術路面，可以進行的訓練設計非常多變，如果你是越野跑專項的選手，光是這一帶就可以創造出一個完整訓練週期的所有組合了。

因為地理位置方便，大自然環境特殊，在這裡從事戶外運動的族群有登山客、越野跑者、攀岩者、登山車騎士等多元的組成，卻不太會衝突碰撞，主因就是幅員寬闊、支線小徑非常多，因此對於越野跑訓練和教學而

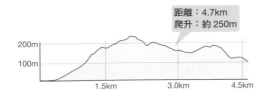

距離：4.7km
爬升：約250m

言，很容易設計出不同的課表。此外，起點設於國立陽明交通大學正門，從捷運石牌站或唭哩岸站步行約10分鐘即可到達，交通飲食都很方便。

初／進階節奏跑、反覆跑、階梯課表

筆者在這條路線上最常做的是繞圈節奏跑（Tempo Run），一圈約4.7公里，可以模擬比賽節奏和補給，也可做長距離訓練，撤退也相對容易。此外，因為地形坡度選擇性高，可以做坡度15%左右的越野上坡反覆跑、階梯的課表等，無論是建立基礎的越野跑者，或是進階想發展速度的選手都非常適合。

從照明淨寺延伸訓練技術地形

補給方面，北投照明淨寺提供飲水機，可以補水和上廁所，從這裡回到陽明交通大學的登山口約2公里，是一個很方便的中繼站。如果想訓練技術地形，也可以直接從照明淨寺出發，延著登山車騎士訓練的下坡路線跑，從「隆升岩床壺穴」繞一圈約3公里回到照明淨寺，這是很有技術難度的地形，中間有洗溝、岩石、陡降與爬升，地質較硬，有點像香港越野賽事會遇到的地形環境。

- **氣候特色**：台北盆地的標準氣候，夏天較悶濕，展望處微風徐徐很舒服
- **如何到達**：捷運石牌站或唭哩岸站，步行約 10 分鐘即可到達
- **補給點**：照明淨寺

丹鳳山的奇特地景——「濱海相」交錯層

模擬賽道 台灣

XTERRA Taiwan全球越野鐵人三項巡迴賽

> XTERRA越野跑賽道可跑性高、地形變化豐富，同樣具有高可跑性的丹鳳山可以訓練到部分地形，部分路段也能訓練登山車（MTB）。

訓練重點

游泳：開放性水域與一般鐵人賽事相同，一定要嘗試到安全的開放水域練習定位，並克服踩不到底的恐懼感。

登山車：登山車是較大的學習門檻，初學者可透過XTERRA Taiwan的FB訊息參加MTB訓練營。

丹鳳山一帶能訓練MTB的地形比較偏向DOWNHILL，對於XC車種※來說下坡難度較高。訓練路線從照明淨寺出發往丹鳳山基點峰的方向騎乘，往上或下都有路徑。若不熟悉路線，可找一條稍微困難但距離不長的山徑反覆騎乘，提升經驗與技術。

越野跑：賽道地形環境包括草原、滾石、河床、林道、森林等等，變化豐富，在丹鳳山可以訓練到林道、森林，以及高可跑性地形的跑動能力。台北以外的居民可從周遭熟悉的步道、階梯與公路上下坡建立基本體能。

比賽策略

MTB是XTERRA賽事的關鍵！賽前必場勘MTB賽道，才能確認騎乘策略，預知下坡與牽車路段並算準補給時機。

比賽時，游泳避免耗力踢水，保持良好狀態；MTB一開始冷靜避免失誤或摔車，等抓到騎乘感再發揮，並在下坡及後段保留體力給越野跑。較陡的路段建議以快走代替更有效率，可選此時停下來補給，較不易因分心而受傷；下坡則保持專注，選較平的點踩踏避免扭傷。

XTERRA Taiwan

XTERRA自2018年登台，透過全球系列賽與亞洲錦標賽發揚台灣的越野鐵人文化。比賽路線從墾丁出發環繞恆春、滿州，選手可完全感受墾丁國家公園的山海魅力與挑戰性。

賽事資訊

- 歷年舉辦時間：3月底至4月中旬
- 賽事地點：恆春墾丁
- 參賽條件：報名前請確認參賽年齡和裝備限制
- 賽事亮點：①台灣唯一結合海泳、登山車及越野跑的大型鐵人賽事　②選手有機會遇到梅花鹿、山豬、猴子　③能感受選手間真誠互動的氛圍　④分齡組前幾名有機會參與世界錦標賽

※XC車：XC（Cross Country）登山車是一種能夠同時應付上下坡的車種，也是重量最輕的登山車款式。

模擬賽道 大溪地

XTERRA Tahiti大溪地站

> Tahiti的賽道穿梭於森林中，有不少泥濘與爬升路段，相當考驗選手們的力量與技術，是亞洲巡迴賽中非常經典的一站。越野跑路段有連續長爬坡，在軍艦岩親山步道除了能做山徑與階梯訓練，也能進行登山車轉換越野跑爬升的模擬訓練。

XTERRA Tahiti登山車路線

訓練重點

游泳：Tahiti海灣水流平穩好游，但賽事會開船載選手到離岸的海上放行，因此開放性水域的定位訓練很重要。

登山車：在泥濘的路況上非常吃下肢的肌力，踩不動就只能牽車，因此建議多練習陡爬升與踩台上的阻力訓練。此外，建議安排幾次下雨天的越野騎乘，練習控車與踩踏的技巧。

越野跑：利用山徑與階梯訓練連續長爬坡是必要的，也建議在賽前做幾次登山車轉換越野跑爬升的練習，讓肌肉適應不同的用力模式。在軍艦岩模擬訓練，可到照明淨寺旁的登山車下坡路線繞圈跑，同樣路線反覆跑能建立更成熟的經驗與協調性，比跑長距離更能提升下坡的技術、信心，和股四頭肌群離心收縮能力。

比賽策略

Tahiti的游泳是三項中最輕鬆的一關，請保留體能在MTB發揮。MTB單項花費的時間因選手體能而有極大差異，而且有機會在泥濘的土徑上推車，此時補給相當重要！很建議背水袋背包，幫助更方便補水與能量，以維持狀態。

越野跑賽段技術門檻不高，但很吃肌力與體能，陡爬升可運用快步走路，把力量留在5公里後的下坡，能專注、穩定、更快速地回到終點。

XTERRA Tahiti

「大溪地之心」茉莉亞島（Moorea）那是個彷彿與世隔絕的地方，湛藍的海洋、慵懶的空氣、高聳的山嶽、熱情的原住民，值得放慢步調享受大自然的美好。

賽事資訊

- 歷年舉辦時間：5月中下旬
- 賽事地點：大溪地茉莉亞島
- 參賽條件：報名前請確認年齡和裝備限制
- 賽事亮點：①美麗宜人的海景與大自然　②原住民文化及放鬆的海島氛圍　③賽道山景很美，有如天外飛山　④高挑戰性的路線　⑤夕陽西下時舉辦於海邊的After Party，可在美景與熱情的工作人員服務下，與世界各地選手交流

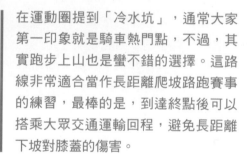

冷水坑三段式爬坡大魔王訓練路線

冷水坑三段式爬坡路線指南

總距離：15.5km
總爬升：約770m

7-11至善天下門市（故宮7-11）
（0km）
↓
平等里派處所（7.4km）
↓
姜太公道場（9.4km）
↓
冷水坑遊客服務站
（15.5km）

帶路人：Tiger
挑戰度：★★★★☆

在運動圈提到「冷水坑」，通常大家第一印象就是騎車熱門點，不過，其實跑步上山也是蠻不錯的選擇。這路線非常適合當作長距離爬坡路跑賽事的練習，最棒的是，到達終點後可以搭乘大眾交通運輸回程，避免長距離下坡對膝蓋的傷害。

至善路－平等里－冷水坑　三段式奔向大魔王

在訓練前，建議大家自行準備好水袋、簡單盥洗衣物與毛巾、悠遊卡及手機。以故宮7-Evelen為出發點，這裡早晨停車很方便，可開車或騎機車前往，並在超商先準備補給和上廁所。

此訓練路線全長約15.5公里，海拔770公尺，可以大致區分為3段：第一段自故宮至士林分局平等駐在所，距離約7公里。出發後沿至善路往平等里前進，前半段都是緩坡，很適合暖身，經過明德坡後左轉沿著平菁街前往士林分局平等駐在所；後半段的坡度比前半

陡，坡度約4-6%不等。

　　過了士林分局平等駐在所進入第二段，約2公里，這段有1/3平路，2/3緩下坡，可以趁機調整體能並進行補給，準備接下來最困難的路段。第三段從下坡段終點姜太公道場開始往上爬，連續上坡約6公里，平均坡度是整條路線中最陡的，還有幾個魔王級的陡坡，車友們對這些坡應該印象深刻，當然用跑的也不輕鬆，建議在這路段要做好補給並加快步頻來減少腿部的負擔，穩穩邁向終點——冷水坑遊客服務站。

終點搭車回到起點超方便

　　冷水坑遊客服務站作為訓練終點的好處是，有洗手間可進行簡單的盥洗換裝，也有公車站能搭車下山到士林。下山可在泰北高中下車後，選擇輕鬆跑沿至善路回故宮，或是轉乘公車至故宮，路程約2公里。無論是冷水坑或泰北高中公車班次都不少，不須耗時等待。

　　跑上冷水坑要特別注意攜帶衣物應視季節而定。在冬季山上氣溫變化大，攜帶的更換衣物要厚一點；搭公車也務必要換乾淨衣物，避免在車裡吹冷氣著涼；悠遊卡和手機都必帶在身上，悠遊卡是搭公車用，手機則是預防有緊急事故需要聯絡。搭車下山一樣回到故宮7-Evelen，起點和終點一樣的訓練路線，對大家來說更加方便。

距離：15.5km
爬升：約 770m

749m
265m
5km　10km

Finish　冷水坑遊客服務站

陽明山
前山公園

菁山路 101 巷

姜太公道場

菁山路　　平菁街

2甲

平等里派處所

至善路三段
71 巷

至善路三段

Start

故宮博物院
至善天下門市
至善路二段

- **氣候特色**：山區天氣多變，平地與山上氣溫落差大，注意保暖
- **如何到達**：建議直接騎車或開車前往，搭公共運輸則至捷運士林站
- **補給點**：7-11 至善天下門市、冷水坑遊客服務站

背水袋跑上終點 ——冷水坑遊客服務站

模擬賽道　台灣

FXT台灣極限鐵人三項跑步段

FXT（Formosa Xtreme Triathlon）可說是台灣難度最高的鐵人賽事，總爬升超過6,000公尺，其中跑步路段約43公里，選手在完成游泳3.8公里和自行車180公里後，還要面對高海爬升的長距離路跑，此賽段最令人害怕的是25公里的連續上坡，更不乏坡度超過10%的陡坡，對體力絕對是一大考驗。從故宮跑往冷水坑的15公里路線中有近13公里爬坡，其中也有與大禹嶺至武嶺陡坡相似的坡度，非常適合這種長距離爬坡路跑賽的訓練。

訓練重點

在FXT游泳和自行車段結束後，要進行總爬升約1,500公尺，距離約43公里的路跑。前兩項已經消耗選手非常多的體力和肌耐力，因此體力調配和補給團隊的配合就非常重要。要特別注意是，路跑賽段都在海拔2,000公尺以上的高山，因此自己是否會有高原反應是個關鍵，建議想參賽的選手務必先在高山上練習，感受一下身體對高海拔的反應是否正常，如果真的有特別反應還有時間能調整，或是以服藥來克服問題。

跑步路段主要分為關原加油站至大禹嶺5公里上坡、大禹嶺至大禹嶺茶園12公里下坡、大禹嶺茶園原路折返至大禹嶺12公里上坡，最後大禹嶺至合歡山主峰13公里左右急上坡。整條賽段都不太會出現平路，所以平時對於跑上下坡的練習格外重要。平時多跑山路，能加強肌肉力量和下肢穩定度，並加強心肺功能，練習中也可以找到比較適合上下坡

跑步段回程通過大禹嶺隧道後，就剩下最後12公里的魔王爬升

的跑步技巧，例如：上坡縮小步幅並加快步頻，下坡加大步幅並縮小步頻，並靠調整重心來減少腿部肌群的負擔。當增加跑山量之後，身體肌群會自然地適應上下坡的跑步，到了實際比賽負擔就會減輕許多。

前頁推薦的冷水坑路線非常適合備賽FXT的選手，總長15公里中有將近13公里的爬坡路段，其中有緩坡，也有相似於大禹嶺至武嶺的陡坡坡度，雖然下坡段僅約2公里，但可以利用這2公里來練習步頻、步幅和重心的調整。訓練時如果時間和身體狀況允許，也可以直接從冷水坑跑下山回到故宮，做為長距離下坡的練習。

比賽策略

體力調配：FXT的困難度看路線就知道，游泳段秀姑巒溪的逆游、單車段濱海逆風加上長距離爬升，最後再加一個高海拔山路路跑。想順利完賽的選手必須三項都要有一定的實力，建議要讓自己的狀態在游泳和單車段可以在關門時間內完成，而且是以沒有耗盡全力的體能狀況進入T2。以第三屆FXT選手來說，只要有在時間內進入T2轉換區，都可以順利取得黑衫。

肌群運用：即使體力分配得宜，在路跑段一樣會非常辛苦，選手對於自己體能和肌肉狀況的掌握就格外重要。依體能狀況配合賽道地形進行配速，例如

FXT台灣極限鐵人三項 Formosa Xtreme Triathlon

賽事資訊

- 歷年舉辦時間：11月底
- 賽事地點：花蓮靜浦
- 參賽條件：必須繳交過往226成績讓主辦單位進行篩選
- 賽事亮點：①台灣難度最高鐵人賽事 ②總爬升逾6,000m ③終點位於合歡山主峰 ④截至第三屆完成選手不超過100人

長下坡段就是非常好爭取時間，並讓腿部肌群得到休息的時候，所以建議在下坡段配較快的配速，其他緩上坡則是以小跑步前進。最後，通過大禹嶺後的陡坡基本上都以快步行走的方式前進。

補給：補給團隊的配合在這場比賽扮演相當重要的角色。在路跑段選手心理和生理狀況已經非常疲憊，因此補給團隊必須按照賽前的安排來進行補給，並適時提醒選手該注意的事情。除了一般果膠外，固態的食物也是必須，在高山上氣溫相對低，建議可以選擇熱湯麵食來當作其中幾站的補給，有時候這些固態食物補的不只是生理，對心靈也會有幫助。

環境應對：建議賽前可以做幾次移地訓練，一方面讓自己適應高山環境，另一方面熟悉路線並安排補給點。賽前多做一點準備，比賽中選手和補給團隊就更能掌握比賽狀況，即使有突發事件也較能立即排除。

大湖山莊──五指山
路線指南

總距離：來回19km
總爬升：約625m

大湖山莊街（0km）
↓
興善宮（2.5km）
↓
長青派出所（3.5km）
↓
老爺山莊入口（4.5km）
↓
楓堤咖啡（6.2km）
↓
五指山星城咖啡（9.5km）
↓
大湖山莊街（19km）

台北・新北　#山路　#避暑　#美景

大湖山莊──五指山
美景伴咖啡路線

帶路人：Misa
挑戰度：★★★★★

這條路線平日車輛不多，沿途景致與店家為跑者兼顧了體能上的強度訓練與心理上的放鬆娛樂，是個適合夏天避暑練跑的好地方。跑經台北市區最親近國家公園的優雅林相，依季節轉換還能欣賞不同花景：1-2月山櫻花、4-5月白桐花。抵達折返處，在咖啡香氣中欣賞汐止市區的大景；身心休息足夠後，再享受回程下坡的愉悅美好！

爆心跳大陡坡一路向上

路線從大湖山莊街出發經大湖國小，沿著國小外圍左轉，見到7-Eleven招牌後即可右轉，可先進小七上洗手間帶點補給再出發。從小七跑約250公尺，將直接進入爆心跳的大陡坡（坡度約10%-20%），請帶著心理準備一路「抖」到本路線2公里處的大坵田福德宮。在這段爬坡需要穩定自己的呼吸和步伐，因為後方還有源源不斷的坡啊啊啊啊！

過了福德宮，經過約500公尺的平緩路面，右手邊迎面而來的是興善宮，此聖地提供洗手間、飲水機及休憩桌，強烈建議在此地稍作休息，因為下個補給點是無限陡坡1公里後的長青派出所。

- **氣候特色**：地勢較高，氣溫比平地低約3-4℃，冬冷夏涼
- **如何到達**：開車前往大湖山莊街有路邊停車格；大眾運輸可搭捷運至大湖公園站
- **補給點**：7-11長鴻門市、興善宮及長青派出所（飲水機、洗手間）、楓堤咖啡、海倫咖啡（8.5km）、星城咖啡

繼續沿長青路跑至老爺山莊入口後，從髮夾彎跑上坡，過了4.2公里處翠柏新村，就開始這條路最迷人的一段──優雅的林相。道路兩旁充滿高大森綠的樹木群，彷彿跑在國家公園般，最浪漫的是……從此開始緩坡變多了！

美景咖啡相伴
上坡多辛苦，下坡就多幸福！

接下來，帶著輕快的步伐抵達6.2公里處的同心亭，一旁有座露天行動咖啡「楓堤咖啡」，此時離路線最頂端的距離已剩不到3公里了，可以稍作停留，欣賞美景補給一下。據楓堤咖啡老闆分享：天氣明朗時，咖啡車和同心亭之間的大樹縫隙可觀看到台北101呢！

休息過後，帶著滿足的身心繼續出發，沿路視野變得更加開闊。從同心亭跑2公里多就到了五指山星城咖啡，也就是本路線的折返點。被無數的陡坡鍛鍊過後，坐在咖啡廳，望向汐止市區的大景，接下來只需要好好享受下坡的愉悅與美好。

距離：單程 9.5km，來回 19km
爬升：約 625m

沒錯！這條路就是所謂的「上坡多辛苦，下坡就多幸福」。

注意事項

此路段偶有野狗出沒，請盡量攜伴練跑，或是學會好好和狗狗溝通。

模擬賽道 台灣

南橫超級馬拉松

南橫超級馬拉松（以下簡稱南橫超馬）的賽道是穿越台灣中央山脈的南橫公路，穿梭在壯麗的山區以及令人驚嘆的峽谷間，變化多端的坡道對於一般馬拉松跑者來說，是相當具挑戰性的賽事。為了無痛完成南橫的長上坡與長下坡，大湖山莊——五指山路線與南橫公路的地形及體感溫度都差不多，是一條很適合對應超馬賽的練習路線。

南橫馬拉松沿途風景美如仙境，待跑友們親自體驗

訓練重點

本文針對南橫超馬的60公里組，其賽道行經關山天后宮、布農族文物館、新武橋停車場，跑至下馬折返。100公里組則繼續往下跑至天龍溫泉飯店、摩天、栗園、向陽後折返，據說風景更是驚人，有興趣的跑友歡迎鼓起勇氣一探究竟。

南橫賽道是長上坡和長下坡，日常訓練要讓身體保有連續跑坡的能力，才能跨越艱鉅的挑戰。離台北市區較近的跑友，可在大湖山莊至五指山這條路線上多做磨練，上坡很吃心肺與體力，下坡則是吃肌力跟腳力，重點是必須花費耐心來回完成跑坡課表。

超馬的課題是用「訓練時間」去累積，務必要堅持下去。一週訓練課表大致上分為：肌力訓練、爬坡訓練、長距離有氧耐力跑，以及有氧輕鬆跑。

肌力訓練：可選擇登山、爬樓梯、簡單的下肢重量訓練。

爬坡訓練：每一刻都要提醒自己，穩定的步伐及呼吸需要互相配合，避免跑跑停停及呼吸節奏亂掉的狀況發生，因為這會讓身體增加疲憊感。速度變慢也無妨，重點在保持跑步姿勢持續向上前進，讓身體逐漸適應。下坡時無論速度如何，務必維持跑步姿勢，維持穩定的跑姿是超馬無痛無傷的重點之一。

長距離有氧耐力跑：從早期開始逐步增加跑量，提升體力及耐力，畢竟身體需要好好適應比全馬更長的距離。如果目標是100公里，更要特別重視長距離訓練，若在一天內完成長距離跑有困難，可採用「背對背」，譬如週六跑20公里、週日再跑20公里的方式完成長距離課表。

有氧輕鬆跑：目的是讓身體加快恢復的速度、排解痠痛感。有氧放鬆跑及肌力訓練每次60-90分鐘不等，重點在於讓身體肌肉恢復正常，同時讓心肺持續提升。

比賽策略

筆者採取的策略是：上坡再慢都不要停下來走路，下坡身體穩定能多快就多快。如前文所說，保持穩定的跑姿能讓你順利完賽。

一開跑的路段是微上下坡，可別被這樣的甜頭給騙了，魔王在後頭呢！剛開跑時跑在預計的配速內，因為後段還有好幾個上坡及數十公里等著你完成。接下來上下坡不斷的路線務必審慎應對，避免過於急躁或興奮，不過沿途美不勝收的風景及豐盛補給，的確會讓跑者們忘卻上坡的痛苦。

南橫超級馬拉松

分為100km、60km、45km與22km組別，可欣賞台20線南橫公路東段，關山、海端、南橫霧鹿峽谷及縱谷之美。

賽事資訊
- 歷年舉辦時間：3月中旬
- 賽事地點：台東縣關山天后宮
- 賽事最大亮點：①驚人的峽谷風景　②訓練心肺的好賽事　③補給豐盛讓人跑完會擔心是不是變胖了

故宮直上風櫃嘴
長距離爬坡路線

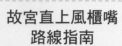

故宮直上風櫃嘴
路線指南

總距離：19km
總爬升：約823 m

故宮廣場停車場（0km）
↓
中社路口（1.9km）
↓
中社路折返處（6km）
↓
雙溪產業道路（12.7km）
↓
帕米爾公園（15.2km）
↓
風櫃嘴（19km）

帶路人：吳承泰
挑戰度：★★★★★

故宮是士林地區很多跑步路線的起點，風櫃嘴則是許多山路訓練的朝聖之地。多數跑友會從故宮直接跑上風櫃嘴，約莫11公里；如果加入中社路的爬坡路線，則可以將整體路線增加到19公里。這是一條練爬坡肌力、練心肺、增強意志力的長距離爬坡跑步路線，無論作為山路馬拉松或是長距離鐵人三項賽的模擬訓練都相當適合。

零迷路路線讓訓練不分心

坐落於台北市士林區的國立故宮博物院，是自行車、跑步愛好者的運動起點。出發之前，建議背上運動水袋背包，或至少攜帶水壺，鄰近故宮有不少便利商店，可以在此採購簡單的補給品。

沿著行經故宮的至善路出發，這條路相較於其他路線較安全、方便找到店家補給，而且任一個轉彎處的登山口都會有林蔭，不至於過度曝曬。

出發不到2公里就經過中社路口，轉進中社路跑到

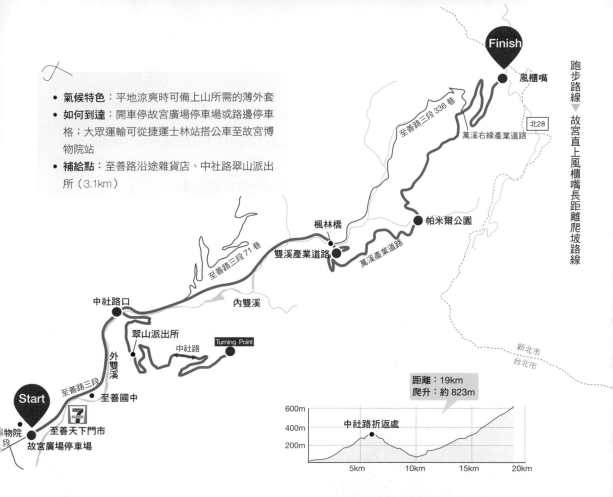

- **氣候特色**：平地涼爽時可備上山所需的薄外套
- **如何到達**：開車停故宮廣場停車場或路邊停車格；大眾運輸可從捷運士林站搭公車至故宮博物院站
- **補給點**：至善路沿途雜貨店、中社路翠山派出所（3.1km）

Finish
風櫃嘴
至善路三段336巷
北28
萬溪右線產業道路
帕米爾公園
楓林橋
至善路三段71巷
雙溪產業道路
萬溪產業道路
內雙溪
中社路口
翠山派出所
中社路
Turning Point
外雙溪
至善路三段
至善國中
新北市
台北市
Start
物院段
至善天下門市
故宮廣場停車場

距離：19km
爬升：約823m

中社路折返處

底過翠山步道入口，再折返回至善路。接續在楓林橋轉進雙溪產業道路、萬溪產業道路，直到風櫃嘴涼亭口結束。完成這趟極具挑戰的路線之後，可視自身情況搭公車下山或跑回起點。

在這條路線你不需要太多分心，只要注意安全就好，因為路線只有兩處須注意轉彎：一是中社路口，二是上風櫃嘴的萬溪右線產業道路轉彎口。加上沿途伴隨著內雙溪前進，絕對不會迷路。

各路好手先緩而陡挑戰穩定

跑上風櫃嘴的路線在運動愛好者之間深獲好評，無論是要跑陽明山大縱走，或者純粹練爬坡。在故宮先緩而陡的路線，一來不容易開跑就爆掉，二來，在這條先緩而陡的訓練路線上，好處是不容易一開跑就爆掉；再者，途中有中社路能讓你補足里程。完成整條路線不用折返就有19公里，無論對於質或是量的訓練都相當足夠。

過去有許多跑坡的公路賽如陽明山超級馬拉松，或是田徑好手的訓練計畫，都會把這條路線納入其中，可以想見它的艱難與磨練。「穩扎穩打」則是面對這條路線你應該採取的心態。

模擬賽道 國際

NXT挪威極限鐵人三項賽

> 結合高海拔與低溫的極限之旅，Norseman Xtreme Triathlon（以下簡稱NXT）被譽為極限鐵人殿堂。雖然台灣沒有如此低溫的地區可以模擬賽事天氣，但可選擇在同時具備連續上下坡與長距離的路線上做備賽訓練。

NXT在挪威低溫的哈當厄爾峽灣和高山之間進行

訓練重點

游泳：克服低溫與浪潮是NXT極限鐵人賽的重點，在低溫的水裡游泳，體溫與體力很容易消耗掉，切記謹慎定位和分配體力。即使是水性很好的人，備賽期間長泳與間歇訓練務必要做足。

騎車：單車騎乘是NXT的比賽關鍵，如同台灣的FXT比賽，在自行車訓練時要同時兼顧爬坡高度與騎乘距離。想在單車項目有良好的發揮，要多熟悉

高轉速與低轉速的交叉訓練。此外，因為賽道是上下坡丘陵地形，長達180公里的路線，騎乘姿勢的變化相當重要，包含趴休息把、站立抽車或巡航騎乘必須交替運用，並在不同的騎乘姿勢中學習體能分配。

跑步：NXT是一場兼具強度與訓練量的比賽，需要耗時幾個月去累積、逐步調整體能與肌肉適應。儘管台灣沒有低溫的地區可以模擬賽事天氣，但謹記

跑步時維持穩定的輸出，就能為身體保暖，維持溫度。

比賽策略

游泳：開賽之前，選手們必須搭上渡輪，從離岸4公里遠的渡輪跳下水開始游回岸邊，穿過哈當厄爾峽灣的水域，到達當地城鎮 Eidfjord。

首先要確保游泳上岸之後，身體一樣是暖和舒適，沒有發冷、不適感。所以，賽前要準備合適的防寒衣和保暖頭套，甚至塗上防寒膏。比賽中必須穩定且快速地前進，不要讓寒冷與冰凍的水分侵襲自己的心臟。

騎車：在Eidfjord鎮的轉換區換上單車，騎車180公里穿過挪威山區。離開T1之後，騎乘只有不停地爬坡、不斷地爬升，前40公里就有爬升超過900公尺的上坡，也有些陡坡大約在6%-8%之間，單車段總爬升超過3,000公尺。

此時建議穿上有拉鍊的風衣外套，再藉由拉鍊去調控體溫，除非很有把握，否則盡可能維持穩定的輸出。在過冷又陡坡的路線，肌肉很容易抽筋或出現狀況，為此，比賽中的補給應特別調整，要有碳水化合物和足夠的電解質。

跑步：42.2公里的路跑賽道前25公里是平坦公路，隨後則是攀登海拔1,880公尺的山路直到終點。跑步段不只是公路爬坡，有些賽段根本是越野路段，有碎石與巨岩，此時可能肌力質量下滑，

NXT挪威極限鐵人三項賽

寒冷、低溫與高海拔是賽事特色，每年只限定數百人能參賽。

賽事資訊
- 歷年舉辦時間：8月初
- 賽事地點：挪威哈當厄爾峽灣
- 參賽條件： FXT極限鐵人取得前二名，或是抽中名額
- 賽事最大亮點：①不到10℃的低溫與讓人發凍的水溫　②從沿途鄉村的風光明媚到一望無際的高山風景　③極限鐵人的殿堂，鐵人運動的世界盃

游泳項目自離岸4公里遠的渡輪下水，游回岸邊

體能也開始不濟。

跑步段首先要做好保暖，就算沒胃口也要吃夠，讓你的團隊幫助你。跑步速度再慢都無所謂，即使只是維持7分速的慢跑，在挪威山上都會顯得非常快。

風櫃嘴五指山
路線指南

至善路進大湖山莊出
總距離：21.9km
總爬升：約609m

至善路——風櫃嘴來回
距離：來回21.4km 爬升：約563m

7-11至善天下門市（故宮7-11）
（0km）
↓
楓林橋（4.5km）
↓
風櫃嘴登山步道（10.7km）
↓
7-11至善天下門市（21.4km）

大湖山莊——風櫃嘴來回
距離：來回22.4km 爬升：約600m

7-11長鴻門市（0km）
↓
五指山清心亭（9.5km）
↓
風櫃嘴登山步道（11.2km）
↓
7-11長鴻門市（22.4km）

風櫃嘴五指山
連續爬坡挑戰路線

帶路人：Tiger
挑戰度：★★★☆☆

「風櫃嘴」是台北市北區的騎車聖地，從山下不同起點出發來此，能達到多樣訓練目的，對於訓練鐵人爬坡的各種能力都非常有幫助。FXT黑衫選手Tiger帶你分別從至善路、大湖山莊出發騎上風櫃嘴與五指山，如果想挑戰自行車項目總爬升很高的賽事，這是非常適合備賽訓練的路線。

至善路——風櫃嘴　連續爬升挑戰不同坡度

常參與台北市區約騎的車友，對於「在故宮7-Eleven集合」都不陌生。這個集合點的好處是，可以在這吃早餐或是添購訓練時需要的補給，並且有洗手間可使用，停車也很方便，因此成為非常熱門的集合點。

從故宮7-Eleven出發，沿著至善路經過明德坡一路右轉來到楓林橋，這段緩坡4.5公里，是很不錯的熱身段，到楓林橋旁有一家雜貨店（連益商店）可以進行補給。過楓林橋之後，就是6公里左右的連續爬升直到風櫃嘴山頂，中段有大約1公里的10%以上陡坡，是最好練習抽車和肌群轉換的路段。到達山頂風櫃嘴之後，可再騎一段約1.5公里的平坦山路來到五指山清心亭，再選擇往原路回程或下滑大湖山莊。

Turning Point

風櫃嘴登山步道

五指山清心亭

聖人瀑布

楓林橋

至善路三段

雙溪產業道路

路香業產溪雙

五指山產業道路

北28

新北市
台北市

至善路進大湖山莊出
距離：21.9km
爬升：約609m

500m

0m
　　5km　　10km　　15km　　20km

- **氣候特色**：山區天氣多變，冬季的平地與山頂氣溫落差大，注意保暖
- **如何到達**：建議直接騎車或開車前往，搭公共運輸達兩起點可分別至捷運士林站、捷運大湖公園站
- **補給點**：7-11 至善天下門市、楓林橋旁連益商店、7-11 長鴻門市

Start

至善天下門市

故宮博物院

長鴻門市

Start

大湖街

長青路

大湖公園捷運站

大湖山莊——風櫃嘴　緩坡爬山訓練

　　有別於從至善路上山，這段距離近11公里比較長。從大湖山莊街的7-Eleven長鴻門市出發，有一段不長但10%以上的陡坡，而過了這段之後的坡度都相當平緩，長距離的緩坡爬山訓練對於筆者在準備FXT時非常有幫助。終點通常設定在五指山清心亭或是風櫃嘴，再選擇往原路回程或下滑至善路。

　　如果平日早上要趕上班，可以選擇1P或是2P※，大湖山莊上風櫃嘴下滑楓林橋，再折返回五指山，最後下大湖山莊返家。如果週末時間允許，可進行3P或4P的訓練（也可以下滑汐萬路或是萬里），無論選擇哪條路，最後山頂終點都是風櫃嘴或五指山。

在五指山上天氣好時可見大武崙的海岸與群山繚繞的風景

　　對於居住在台北市的車友，從至善路或大湖山莊上山都非常方便，因位處市區，如果臨時有緊急狀況要處理，都能很快速飛奔去市區，非常推薦生活圈在台北市區的車友來這座山。

※P：P為英文Peak山頂之意，1P就是越過1個山頂，以此類推。

模擬賽道 台灣

Never Stop 永不放棄－陽金 P 字山道

陽金P字道整段賽程須完成3座山：陽明山、風櫃嘴、冷水坑，總距離75公里，總爬升約2,200公尺，不只對爬坡能力是個挑戰，對於下坡控車技巧更是一大考驗。在風櫃嘴、五指山訓練，有部分路段會跟陽金3P賽道重複，剛好在訓練時能順便增加對賽道的熟悉度。

陽金3P會有多段的上坡與下坡，所以準備好風衣、雨衣或是保暖衣物非常重要

訓練重點

這場賽事在爬坡段分別有大約15、20、12公里的3段長距離爬升，3座山頂海拔約800、600、720公尺，光看這個距離和海拔就可以知道這場比賽有一定的難度。除了爬升之外，賽道中有兩段長距離下坡，其中不乏有坡度很陡的下坡，因此選手的控車技巧也非常重要。建議想參加的選手必須要有一定的訓練量，否則很有可能無法完賽，或是完賽後對身體造成非常大的負擔。

賽前可以多到風櫃嘴、五指山練習，當作模擬考。這路段雖然單趟距離沒有陽金3P那麼長，但因為地利之便，訓練時可依照個人情況或課表決定當天訓練要爬幾P，彈性非常大。如果能在這山頭進行一次3P或4P的騎乘，完成陽金P字道的比賽就不會有太大的問題。

陽金P字山道不僅累積爬升很高，也會遇到兩段主要下坡，選手除了要加

強自行車上坡能力，下坡的控車技術也會大大影響比賽的成績和安全性。在這條路線訓練的好處其實不只有爬升的訓練，每完成1P都需要下山進行另一次爬升，因此下坡技巧也能訓練到。

風櫃嘴下士林至善路的坡度較陡、距離較短；下大湖山莊的坡度較緩、距離較長，不同的地形可以訓練身體在下坡進行重心轉換、煞車的力道控制，這些訓練對比賽當天都很有幫助。

比賽策略

體力調配：因為比賽要翻越3座山，在體力的調配上非常重要。選手通常在前兩座陽明山和風櫃嘴就會消耗大部分的體力，最後一座冷水坑更要經一段非常陡的陡坡才能抵達終點。如果前半段消耗太多體力，很可能在最後1P發生抽筋甚至無法完賽，所以建議在前半段務必分配好體力，多留一些給最後1P。

肌群運用：賽事距離長、爬升高，很吃肌耐力，許多選手在賽事中都會發生抽筋，有可能是補給不夠確實，或是同樣的肌群使用太久。因此在爬升路段建議多利用抽車進行肌群的使用轉換，不要在上坡踩踏時一直使用同樣肌群；在下坡段則可以讓雙腳進行適當的休息恢復，準備下一次的爬升。

補給：賽道上大約有3個補給站，以完賽為目標的選手建議每站都進行補給，不管是液態或固態，要補足碳水化

Never Stop 永不放棄—陽金P字山道

賽事資訊

- 歷年舉辦時間：1月
- 賽事地點：陽明山國家公園週遭山區
- 參賽條件：無特別參賽條件
- 賽事亮點：①一次爬完台北市北區著名騎車地點　②少數舉辦於都會型國家公園的自行車挑戰賽

合物和電解質，才能讓整段比賽更順利。不過，還是建議在賽前先算好自己需要的補給量，並自行攜帶，不要完全依賴官方補給。如此準備比較不會有補給上的失誤，最後造成體力特支。

天氣應對：此賽事通常辦在氣溫較低的冬季，賽道包括爬坡3段、下坡2段，爬坡時總是汗流浹背，但馬上接著下坡就會感到寒意。加上山區的溫度和降雨變化都非常快，因此建議帶足保暖裝備。千萬不要只看平地大氣就決定當天的穿著，因為這裡常遇到在平地出發前跟抵達山頂後的天氣天壤之別的情況。

陽金3P的第一P經過陽明山國家公園代表性地景——花鐘

石碇──福隆
路線指南

總距離：來回81km
總爬升：488m

石碇服務區（0km）
↓
石碇五路財神廟（8.1km）
↓
平溪國民中學（13.9km）
↓
平雙隧道（23km）
↓
貢寮區公所（36.7km）
↓
台2丙與台2線交叉路口（40.5km）
↓
石碇服務區（81km）

石碇──福隆
丘陵地飆速路線

帶路人：楊志祥
挑戰度：★★★☆☆

自石碇服務區經市道106號、台2丙線至福隆，是一條對新手騎士友善，對老手騎士可挑戰速度、團騎廝殺的路線。喜歡丘陵地和追求速度感的騎士，對於這條路線會感到又愛又恨。

起終點24hr服務　適合揪團練

　　石碇服務區的服務時間是24小時，要採買食物或是更衣解便都很方便。停車的部分以晨間騎乘來說，要找到車位不是件難事，蠻多車友是利用四輪（汽車）加兩輪（單車）的方式移動。停汽車的便利性是影響騎乘感受的一環，有好的區域不只能讓準備的時間縮短，也能夠當作明確的集合地點。從此地出發，若要練平路可以

平溪

平溪國民中學

菁桐車站

石碇五路財神廟

⑤

Start

106

石碇服務區

106乙

往福隆方向騎乘，要練爬坡則可以往阿柔洋去挑戰。

石碇服務區——平雙隧道：
新手友善丘陵地路段

出發往福隆方向後會先進入山徑，雖是山徑，但路線至少都有雙向道，騎乘單車不會太危險，但仍要多注意大型車輛的超越。進入山徑後，左右幾乎都有樹陰庇護，如果在夏天來此騎乘，前段的體感溫度會降低很多，騎乘感受也相當舒適。

石碇服務區一路到平雙隧道前以丘陵地居多，在坡度方面，即使是爬坡也都在2公里內有明顯的下坡做銜接，對新手來說是一大福音，有上有下能讓身體有時間喘息；但如果是老手們的廝殺，在這邊很常見車友們用速度的間歇讓對方好看。

平雙隧道——福隆：
一路下坡享受速度

過了平雙隧道是路線的分水嶺，出隧道一路的下坡及平路的緩下坡，會讓人騎得忘我，許多人在下坡段自行車碼錶常常出現自己都害怕的數字，雖然在這條路線很容易追求下坡速度帶來的興奮感，但切記安全第一！下坡結束後會接回連續的丘陵地形，一路抵達福隆。

回程用汗水還速度債

回程就是還「速度債」的開始，因為去程一路的下坡，路線又是原路折返，可想而知剛剛「下」的，現在都要「爬」回去，一路需要爬過平雙隧道到達出口才能有所喘息。

- **氣候特色**：路線多樹蔭、入山後的氣溫會比石碇服務區低 3-4℃
- **如何到達**：開車前往石碇服務區的停車場，居住在台北市區的人可從木柵方向來起點
- **補給點**：石碇服務區 24hr 營業、7-11 雙祥門市（32km）

距離：單程 40.5km
爬升：488m

戀戀197自行車賽

> 戀戀197自行車賽（以下簡稱戀戀197）路線多元，有平路、丘陵、爬坡路段，對於想嘗試不同路段的騎士有較好的騎乘體驗。而石碇——福隆路線的丘陵地形起起伏伏，正適合準備公路賽的選手召集實力相當的車友一起做比賽模擬。

訓練重點

石碇服務區出發後，一開始就是接連的丘陵路段上坡居多，過平雙隧道後會一路下坡，進入平緩的平路段前往福隆。比賽模擬時，從起點石碇服務區到折返點盡可能拉出多一點速度變化，戀戀197去程路段的高低起伏及速度感，和這條路線相符。

自福隆回程到達平雙隧道，可以模擬戀戀197終點的爬坡，因為福隆路線的距離不像戀戀197這麼長，建議可以爬平雙隧道1-2趟，習慣這樣的爬坡高度，同時嘗試在這種路段適合自己的飛輪齒比，讓騎平路時能有效地帶動速度，爬坡時還能有3-4個檔位讓自己有所發揮。

比賽策略

戀戀197屬於自行車公路賽，比賽過程中可以透過跟車、輪車的方式進行，競賽組距離為130公里，挑戰組100公里，是一個普遍騎乘時間接近3小時的賽事。在賽事中具有能力分組，如果對於騎乘在大集團內有顧慮，可以選擇挑戰組，騎乘空間可自行決定；如果想嘗試身處於集團中，可選擇競賽組。

競賽組選手在比賽中要運用到集團內騎乘的技巧，如何有效地在集團內節省體力，並讓自己處在安全的位置，才能戰到最後。因為12月的台東仍是氣溫25度以上的高溫，持續補充水分及定時定量吃入補給品是非常重要的，節省體力和適當補給是本場賽事的重點。

戀戀197自行車賽

台灣大多的自行車賽都以高山挑戰為主，戀戀197自行車賽是少數除了國際賽和國家級別賽事，在使用路權上較完整的賽事。分組主要距離為競賽組130km及挑戰組100km（含電輔車）。

賽事資訊

- 歷年舉辦時間：約12月初
- 賽事地點：台東卑南大圳水利公園
- 參賽條件：年滿16歲
- 賽事亮點：①台灣少數的自行車公路競賽 ②有較多國內單車、鐵人三項好手齊聚一堂，有機會遇到國內明星選手 ③路線規劃多元，含平路、丘陵、爬坡路段 ④賽事有能力分組

IRONMAN 70.3 Subic Bay 單車段

蘇比克灣靠近海邊，有豐富的沙灘、水域與山林旅遊資源，是一個適合比賽兼旅遊的場地。Subic Bay 單車賽道屬於丘陵地，與石碇——福隆路線的地形不謀而合，無論是 Subic Bay賽道中較平坦，或是較高爬升的路段，在石碇福隆路線上皆可訓練。

訓練重點

　　從石碇往福隆方向騎乘，可模擬 Subic Bay 單車項目的中段較平坦位置；靠近平雙隧道時，可模擬在Subic Bay路線中有較高爬升的路段。

　　騎乘練習中，有功率計的選手可以給自己一個固定的瓦數，因應地勢的起伏搭配不同的飛輪齒比，但都維持一樣的瓦數輸出，練習協調適當的齒比輕重和迴轉數高低，但保持一樣的瓦數輸出。這樣訓練能確保自己在速度維持上有穩定的表現，另一方面，能確保體力負荷能夠平均地分配在整程賽道上。

比賽策略

　　賽事舉辦於5-6月，此時在台灣已經非常炎熱，在菲律賓的氣溫更是不容小覷！備賽時，可選擇靠近中午時段來到石碇路線進行訓練。在炎熱的比賽環境選比較明亮的比賽服飾和裝備，能有效

IRONMAN 70.3 Subic Bay

賽事資訊
- 例年舉辦時間：5-6月
- 賽事地點：菲律賓蘇比克灣Subic Bay
- 參賽條件：年滿18歲
- 賽事亮點：①蘇比克灣賽事場地有許多國際賽洗禮，包含World Triathlon聯盟、IRONMAN賽事　②結合113km和226km於同一天進行，提供給想參與不同距離賽事的人方便邀約親友一同參賽　③週邊旅遊資源選擇多

協助散熱。此外，補給是高溫天氣中非常重要的環節，在日常訓練就能練習定時定量補充水分和補給品，讓身體在炎熱環境中，仍持續有能量支撐自己的體能狀況。

蘇比克灣以前為美國海軍基地之一，圖為周邊道路非常適合跑步及騎車

雙北山海
路線指南

總距離：90km
總爬升：約1,872 m

天母北路與行義路交接處（0km）
↓
陽明山花鐘（9.5km）
↓
巴拉卡公路（15km）
（全長約13km）
↓
三芝市區（36km）
↓
石門區北海岸（40km）
↓
陽金公路（58km）
↓
小油坑入口處（76km）
↓
天母北路與行義路交接處（90km）

台北・新北　#爬坡訓練　#長距離訓練　#美景

雙北
山海連線

帶路人：吳承泰
挑戰度：★★★★☆

從台北市天母北路出發
往北投，穿越陽明山知
名的巴拉卡公路到北海
岸，最後再從陽金公路
回到天母。沿途可以觀
覽陽明山壯景、北海岸
瞭望海景，既有距離也
有爬坡強度，是一條適
合鐵人以及單車訓練的
路線。

從最靠近陽明山的幽靜市區出發

　　坐落於台北市離陽明山最近的天母北投一帶，是
許多單車愛好者前往陽明山、北海岸的起點，不同於仰
德大道、淡水路線的車水馬龍，這裡顯得幽靜且平易近
人。出發之前，務必要先添購足夠補給品與裝備，因為
這是一條進山出海、無論是賞景或是練心肺、體力都很
棒的路線。

進山：陽明山、巴拉卡公路

　　出發後會有一段路需要靠自己前進，正如鐵人獨

- **氣候特色**：有林蔭的陽明山氣溫冷涼，北海岸則是有風勢阻力，建議出發前先帶一件可收納的薄外套和太陽眼鏡，順應氣溫與陽光穿脫
- **如何到達**：開車可停在行義路臨時平面停車場，或行義路巷弄內路邊停車格；大眾運輸搭捷運至石牌站，離起點約 1.6km
- **補給點**：天母西路周遭商店餐廳、萊爾富三芝天涯店（27.7km）、萊爾富石門海角店（50.7km），天氣的變化影響補給需求，建議把水源與補給品先全部備上

力完成的精神。從天母北路往北投行義路、陽投公路（紗帽路）前進，一開始就需要持之以恆的耐心。很多人會從淡水開始沿著台2線前進陽明山，但筆者傾向以爬坡取代距離，加上穿越台北市往北投上爬的路線，較台2線更為安全。

　　穿過陽明山知名景點的花鐘、小熊書房與竹子湖，轉進單車經典路線巴拉卡公路。通往北新庄的巴拉卡公路，是台灣傳統古道之一，在1952年由國軍工兵部隊耗時半年修整而成的戰備道路，由於少有車輛通行加上風景幽靜，遂成為單車朝聖路線。

出海：三芝、石門、金山

　　穿越北新庄下到三芝區，就可以先找尋附近的商店做補給，走過了風景瑰麗、鬼斧神工的陽明山之後，接著是瞭望無際的傍海路線。不同於登山坡度，

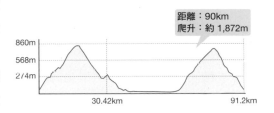

距離：90km
爬升：約 1,872m

海線總會面臨強襲而來的風勢，也會有相當壓力阻絕你的速度。

　　進入石門區橫貫整個北海岸，來到金山區之後接往陽金公路，接著是後段的爬坡路線。經歷過陽明山的登山路線以及在北海岸強風下馳騁，最後一段沿陽金公路，直到陽明山前山公園處（陽投公路）接上去程路線。

　　這段上下丘陵多樣的路線雖然辛苦，卻能確保你建立起強大的體能基礎。

模擬賽道 台灣

IRONMAN 70.3 墾丁站

2022年因屏鵝公路整修，賽事的騎車和跑步路線有所調整，雖然變難了，卻成為人們喜歡且讚譽的路線。其中單車項目90公里有656公尺爬升，雙北山海連線很適合作為模擬路線，其坡度和風勢都具有足夠挑戰性，能幫助累積比賽所需的體能與騎乘技術。

FXT跑步段，參賽選手吳承泰與陪跑者全運會鐵人三項四連霸的張團畯(右)

訓練重點

IRONMAN 70.3 墾丁的賽道難度結合炎熱與爬坡兩項因素。首先要克服海泳的定位與浪潮，可以多在基隆和平島或外木山做海泳訓練，增加經驗值；單車項目在雙北山海連線，是很適合的路線模擬；跑步應增加爬坡訓練，或搭配一些乳酸閾值跑，重點是養成足夠的肌耐力以對抗爬坡。如果想額外增加訓練的難度，那就參照墾丁既有氣溫去嘗試看看吧！記得多喝水。

比賽策略

面對環境及氣候因素，比賽策略應稍微保守，盡可能維持在體能冗餘下完成游泳與騎車，才能避免最後在跑步段步履蹣跚。建議維持平穩（70%-80%）的體能去推進，先求穩住，再求進展。除此之外，因為氣溫與路線困難，補給要格外注意電解質攝取，穩定且高頻

IRONMAN 70.3 墾丁

一條兼具美景與難度的70.3（113km）路線。游泳1.9km在清澈見底的墾丁小灣；自行車90km爬升656m，騎乘在台26線及屏153線，經過白沙、後灣、國立海洋生物博物館等屏東著名景點；跑步21km爬升341m，經國家森林遊樂區、籠仔埔草原、龍磐公園等大自然景致。

賽事資訊

- 歷年舉辦時間：每年10月份
- 賽事地點：屏東縣墾丁福華渡假飯店
- 參賽條件：擁有參加 51.5km鐵人三項賽經驗皆可，盡量有海泳經驗
- 賽事最大亮點：①墾丁台26線依山傍海，風景壯麗，森林遊樂區舒適怡人　②當地美食多　③戶外運動的好去處　④周遭車城、恆春也是文化景點

率、小量的攝取碳水化合物與電解質，確保體內有足夠的能源推進。

FXT台灣極限鐵人三項

Formosa Xtreme Triathlon（以下簡稱FXT）總距離226公里，爬升超過6,000公尺，無止盡的爬坡加上山下山頂兩極的氣溫，讓賽事成就極限之名。FXT順利完賽的關鍵是單車段，必須多在兼顧爬坡高度與騎乘距離的路線做訓練，無法到花蓮現地，那麼雙北山海連線是很好的模擬賽道。

訓練重點

就幾屆經驗看來，游泳段要順利完成上岸並不難，但要面臨逆流及讓人失去方向感的側流，所以定向上要非常謹慎，避免為了修正方向而損耗體力。建議增加500-600公尺的間歇訓練，有助提升游泳實力，並增加抵禦逆流的信心。

FXT順利完賽關鍵是在單車段確保安全進站。為了在騎乘時有良好的發揮，必須妥善安排高轉速與低轉速的交叉訓練，另因賽道是180公里的上下坡丘陵，騎乘姿勢的變化相當重要。爬坡練習時可嘗試以趴休息把、站立抽車，或巡航騎乘等姿勢交替運用，從實際騎乘中學習體能分配及肌力適應。騎回雙北山海路線的起點後，可以再去北投紗帽山區轉換跑。

比賽策略

游泳只須確保在時限內上岸，單車和跑步重點在「求穩」。單車賽道多丘陵爬坡，確保在前半段肌肉疲勞不上升太快；中段海岸線要保持低風阻的騎乘姿勢，維持穩定輸出；後段爬坡為了降低重量，可採取約1小時短暫休息換水壺補給，平路賽段則90分鐘短暫補給。

跑步時開始變冷，體能隨著海拔提升開始下滑，要注意體感和保暖，沒胃口也要補給，否則到後段容易熄火甚至引發高原反應。多數選手5小時以上才完成跑步段，因此重點是在穩定、有效率的跑姿下持續跑步。

FXT台灣極限鐵人三項

游泳於秀姑巒溪出海口逆游3.8km，接著騎乘180km，最終爬升至海拔1,644m的新白楊。跑步段則一路向上至海拔3,417m的合歡主峰終點。

賽事資訊

- 歷年舉辦時間：每年11月底
- 賽事地點：花蓮縣靜浦部落
- 參賽條件：有過多場226鐵人賽經驗
- 賽事最大亮點：①花蓮逆海的游泳克服低溫與逆流，解放你的恐懼　②東進武嶺單車路線騎進山谷裡，挑戰你的極限　③一路爬升的長距離路跑，揮灑你的耐心與意志　④從海邊爬到合歡山頂，從日出到日落

環新北基隆自行車道
路線指南

總距離：82.2km
總爬升：約1,354m

中央研究院（0km）
↓
望無亭（9.4km）
↓
五分山氣象雷達站（39.8km）
↓
萬善祠（45.6km）
↓
槓魚坑（53km）
↓
七堵車站（64.2km）
↓
五堵鐵路隧道（72.4km）
↓
中央研究院（82.2km）

 新北 #美景 #山路 #舊鐵道

環新北基隆自行車道
半日遊

帶路人：王心恬
挑戰度：★★★★☆

> 想來一趟訓練兼顧賞景的半日遊嗎？這條路線橫跨雙北與基隆，途中有平溪五分山、石碇望無亭等山路訓練寶地，也有古道風華鐵路隧道、基隆河左岸汐止五堵貨場河岸自行車道等能夠親近水岸、與火車同行的旅遊元素，成為筆者最愛的長距離騎乘絕佳訓練路線。

起終點中研院體育館　多項訓練一次滿足

　　整條訓練路線橫跨台北、新北與基隆市，約花4-6小時可完成。起終點於台北市南港區的中央研究院，院內的綜合體育館可供一般民眾付費運動，館內有游泳池、健身房、慢跑道、韻律室、以及各種球類的運動空間，對於需要多項運動練習的人是再適合不過的場地。如果你打算開車前往起點，中研院周遭停車方便，且院內建築都設有廁所和飲料販賣機，加上環境優美，很適合在自行車訓練的前後練跑。

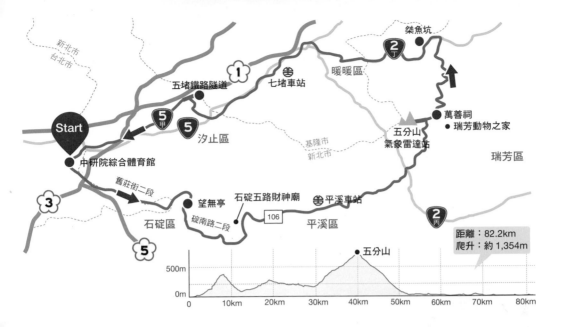

距離：82.2km
爬升：約 1,354m

去程 707m 山路訓練　先苦後甘拜財神

這條「先苦後甘」的訓練路線，從中研院一路騎約40公里至五分山氣象雷達站。這段丘陵地形爬升逾海拔700公尺，對心肺有一定的挑戰，對於自行車與鐵人三項等耐力賽很有助益。努力訓練之餘，沿途景色優美，且往往能見到車友，騎起來一點也不孤單。

為了增加山路訓練，去程可以上石碇的望無亭以及平溪的五分山。據說過了望無亭後約7公里行經的石碇五路財神廟非常靈驗，廟方提供「發財金」台幣20元，可借來做生意或置於錢包、撲滿、保險箱中。由於筆者2023年在西門誠品開了第一間NAMUA時尚法式調香旗艦店，每次騎經都想停下來祈願。

回程經典自行車道療癒身心靈

回程經基隆七堵的古道風華鐵路隧

- **氣候特色**：去程石碇平溪山路夏季涼爽，冬季遇雨易失溫；回程河濱自行車道氣溫舒適，唯冬季時東北季風大，需小心安全
- **如何到達**：開車前往「中央研究院綜合體育館」
- **補給點**：中央研究院內便利商店、石碇五路財神廟附近「創憶咖啡 C.M Coffee」（17.5km）、十分老街（29.8km）、全家瑞芳傑魚坑店、途經八堵及七堵車站周遭皆有超商

道和通往南港的自行車路線，以及基隆河左岸汐止五堵貨場河岸自行車道，這經典路線在新北市長侯友宜任內完成，市長曾親自騎乘體驗，這也是筆者訓練尾聲最享受的一段。特別的是，總長16.8公里的基隆河汐止河濱自行車道，沿線有3處在車道下方設置生態通道，並加裝遮光罩，降低夜間對生物的影響，讓小動物悠遊於陸地與水岸間。大自然的美妙療癒了疲憊的身心。

Challenge Taiwan國際鐵人三項競賽113單車段

半程超鐵113的單車段為90公里。挑選環新北基隆自行車道＋山路作為挑戰Challenge Taiwan（以下簡稱CT）的模擬賽道，主因CT單車段都固定從活水湖到八嗡嗡折返1圈，路線單純，環新北去程的山路還可模擬CT賽道的丘陵地形，來體驗後便能發現，選這條路線進行訓練別有用心！

參加鐵人賽的單車段是讓人心情最好的環節，風景盡收眼底

訓練重點

對於參加113組的初學者而言，如何在自行車項目做好配速踩踏迴轉速及功率都是關鍵。原因在於，緊接在單車項目後的是21公里跑步，如果在騎自行車時稍有不慎或是用力過猛，往往會導致跑步項目剛邁開步伐就抽筋。

每年CT的單車路線都是固定的，從海拔6公尺的活水湖出發，一路騎至30.1公里處，到達最頂峰海拔87.9公尺；到八嗡嗡折返後，又立即從低海拔再度拔升到最頂峰。要應付這樣不斷起伏的長距離騎乘，建議在訓練裡特別注重爬坡的比重。而這也是在「環新北基隆自

行車道半日遊」路線中，特別增加望無亭、五分山等山路訓練路段的原因。

比賽策略

建議初次挑戰鐵人賽的朋友，千萬別聽信已成功完賽的鐵友們謠言「在活水湖比三鐵很容易」。主因第一是沒練肯定不要來，否則你一定會被關門！第二是沒練車，千萬別以為你用單車郊遊的概念便能「玩」賽。

騎乘策略： 比賽中，如果能順利完成游泳項目，在游泳接單車的T1轉換區務必要調整自己的心率，直到一開始騎車時，也別急著超過前方的車友，建議控制自己的心率在160上下，迴轉速控制在90rmp（每分鐘90下），穩穩地前進。如果有使用功率計，建議輸出瓦數起碼能到FTP 160瓦，千萬不要想全程都用Pmax的拼命方式騎乘。Pmax是指騎乘時大盤轉動1圈的最大功率，在長距離騎乘根本不可能達到。

補給策略： 有了正確的騎乘概念，接下來的重點就是補給。建議大家水壺至少要準備2罐以上，隨身攜帶悠遊卡。雖然CT的113跟226賽道沿途補給站，都會贈送裝滿水或運動飲料的水壺，但在2022年就曾發生只有豆奶沒有水的窘境，這時候不用死守大會不能私補的規定，大會若沒水了，該去超商買水就去買水吧！

最後，建議大家一定要帶車錶計算

Challenge Taiwan 國際鐵人三項競賽

每年舉辦於台東的CT鐵人三項賽是鐵人界的盛事，適合全家大小一起參與的歡樂賽事氛圍，加上賽道上有各個耐力型社團認領的補給站、各式各樣充滿巧思的私補，常成為鐵友們津津樂道的話題。

賽事資訊

- 歷年舉辦時間：3-4月
- 賽事地點：台東森林公園活水湖
- 參賽條件：游泳、單車沒練千萬別來
- 賽事亮點：①全家共同歡樂的鐵人賽　②選手物資精美　③補給多樣豐富

拍下裝備圖可以與往年比賽做對照，檢視有無遺漏

距離，特別是在距離終點5公里左右，就不要過度用力踩踏。讓自己放鬆心情、放鬆全身肌肉，並且適時補充鹽礦物錠，這樣絕對能夠大幅避免下個項目跑步時抽筋。

宜蘭　#平路　#海景　#美食

環島1號線頭城 —— 福隆 海風路線

環島 1 號線頭城 —— 福隆 路線指南

總距離：來回騎64km+來回跑14km
總爬升：約44m

雙獅海灘（0km）
↓
全家便利商店頭城梗枋店
（3.2km）
↓
北關海潮一線天（5.2km）
↓
東北角大里遊客中心（14.2km）
↓
石城服務區（18.3km）
↓
福隆車站（32km）
↓
雙獅海灘（64km）

帶路人：李詹瑩
挑戰度：★★★☆☆

> 相信多數喜歡跑步騎車的朋友，對於旅行也有同樣熱愛。要將旅行與運動訓練結合在一起，環島1號線頭城至福隆段是個很好的選擇！這條路線地形起伏不大，風景優美、補給點和美食豐富，不論是對跑友、車友都相當友善且安全。

起終點雙獅海灘 4 項運動一次滿足

　　這條路線是筆者在知名浪點雙獅海灘無風無浪的某個早晨，將放在後車廂的單車和跑鞋拿出來，意外發現了這條除了衝浪之外，還可以結合海泳、騎車、跑步的秘境。對於外地旅客，海灘周遭有咖啡廳、餐廳、衝浪店，如果想清洗也可至對面頭城外澳慶天宮詢問，還有簡單的香客大樓可以住宿。

騎車路線
跑步路線

Turning Point

福隆車站　卯澳海洋驛站
台灣最東點

石城服務區

東北角大里遊客中心

新北市
宜蘭縣

濱海路

廟口海產小吃
蜜月灣

海饕一四季主流宴

北關海潮一線天
頭城梗枋店
FamilyMart

P
雙獅海灘
外澳車站

Start

頭城車站

- **氣候特色**：特別注意海邊風向和防曬
- **如何到達**：開車停在紅螃蟹海鮮餐廳旁停車場；搭火車至外澳車站
- **補給點**：全家便利商店頭城梗枋店、各遊客中心及車站皆提供洗手間及補給所需
- **美食推薦**：海饕一四季主流宴（2.1km）、廟口海產小吃（9.2km）、 卯澳海洋驛站（26.4km）

跑步：短距離來回＋沙地訓練

跑步訓練路線建議可以短、折返多次。雙獅海灘外濱海路上，在紅螃蟹海鮮餐廳旁有個空間大且顯少人知道的停車場，筆者以此為起點，從雙獅至蜜月灣（約7公里），或者從雙獅到頭城車站（約4.4公里）來回練跑。如果想增加特殊訓練，可直接在雙獅沙灘來回跑。

沙地訓練雖然更具有挑戰性，需要多花至少10％力氣，但是跑沙能降低衝擊、減少肌肉傷害與發炎。請避免選擇水邊顏色較深的硬沙，否則可能因地形傾斜導致跑姿改變，應選擇平坦柔軟的沙並以赤腳訓練。跑沙時核心用力、步頻盡可能提高，別陷入沙中，眼睛餘光專注沙地，避免因踩空而受傷。

單車：雙獅──福隆來回

單車訓練可以從雙獅海灘騎至福隆車站（單程約32公里）再回程。這條路上有許多便利商店和廁所，不用擔心無法補給休憩；也可以直奔折返點福隆車站享用福隆便當，吃飽喝足再回程。

要注意的是，路上較多砂石車，且部分路面較崎嶇，記得注意安全。此外，如果在夏天騎行，因為海邊幾乎無遮蔭，應攜帶足夠的水和防曬用品。

這條路線起點雖然在宜蘭，但交通相當方便。開車來的朋友可將車停在雙獅；搭大眾運輸工具的朋友則可以把泳衣穿在車衣（或三鐵衣）裡，搭火車至外澳車站，附近有許多衝浪店，可先進行跑步、單車訓練，再租板衝浪放鬆一下！

模擬賽道　台灣

LAVA TRI 大鵬灣鐵人賽

本賽事最著名的就是單車賽道，可以盡情地在國道上飆高速衝刺，不用擔心有車子或是紅綠燈。這條經典賽道與環島1號線頭城──福隆段的海拔、海風，以及無遮蔽物等狀況類似，北部的朋友可以在環島1號線先體驗在海邊迎著各種風向騎乘，以及在炎熱且無遮蔽物下賣力前進的感受。

LAVA TRI 大鵬灣鐵人賽的大會地點位於風光明媚的大鵬灣濱海碼頭

訓練重點

游泳：如果是會游泳的朋友，至少也要留3-4個月的時間練習，因為訓練課表是要循序漸進的，由低強度開始，刺激身體、增加強度慢慢堆疊上去，千萬別臨時抱佛腳，不然很容易受傷。因為游泳項目在大鵬灣灣域，開放水域跟一般泳池有很大的分別，雖然灣域相較其

他海域有風無浪，但仍需要有足夠的技巧因應氣候、潮流、水溫、浪的高度等影響，建議參賽者多練習海域後再進行這場比賽。

騎車：日常訓練時提高平路巡航的速度，在平路賽道的成績自然會進步。

訓練之前，首先要有專業的fitting技師，讓你找到最適合的騎乘姿勢，再來是調整平常騎乘姿勢，試著彎曲手臂，讓重心前移、頭部微微調整降低，可以減少更多風阻，省下體力讓成績更快。平路巡航應特別注意調整踏頻、維持均速，千萬不要因為平路太好騎而忽快忽慢，很容易讓體力消耗更快。在騎乘中輸出相同的功率也能有效提升速度，因此要在平時訓練有效配速、踩踏，讓體力維持，速度提升。

跑步：建議每週至少3次跑步訓練，且至少有1次要練習轉換。把轉換訓練好讓你上天堂，如果沒訓練好，甚至可能抽筋倒地無法完賽。另外，因為賽事地點在天氣炎熱的屏東，可以在訓練時模擬當天的天氣，做好補給的調整，也讓身體適應高溫，避免被炎熱的天氣擊潰而造成不必要的風險。

比賽策略

游泳：如果是游泳愛好者盡量排在前排出發，可避免被他人干擾。如果是游泳新手，請做好充足的準備，確認方向、用最合適自己的頻率定位，確保不會游偏。

騎車：因為國道非常平坦安全，只要按照自己的配速、降低風阻、注意補給，大多數人都會在這場突破自己的最佳成績。

跑步：炎熱天氣下記得補足補給，跑步時使用核心用力並調整步頻，以最適合自己的配速及跑姿安全完成比賽。

場地周邊地形平坦的LAVA TRI大鵬灣鐵人賽，是台灣破PB的熱門賽事，只要做好充足準備，必定可以在這場比賽突破自我。

LAVA TRI 大鵬灣鐵人賽

全封閉的單車賽道是賽事最吸引人之處，也是目前全台灣最安全的單車項目、更是全台唯一封閉國道的鐵人賽。

賽事資訊

- 歷年舉辦時間：12月初
- 賽事地點：屏東大鵬灣濱灣碼頭
- 參賽條件：務必先學會游泳並好好練習
- 賽事最大亮點：①大鵬灣是全台唯一的單口囊狀潟湖，有風無浪，適合第一次比開放水域（海）的選手　②全台唯一封閉國道3號（南州－大鵬灣）的鐵人賽事，可放心騎車　③個人項目設立「自行車賽道破紀錄獎」、接力組增設「賽道最速獎」，鼓勵各單項傑出的選手能朝著獨立完成鐵人三項賽事邁進

石門水庫環湖兩鐵路線指南

總距離：騎74km + 跑4km
總爬升：約1,200m

南苑停車場（0km）
↓
萊爾富角板山店（19km）
↓
羅馬公路與台七線交叉路（26km）
↓
（縣道118全長約35km）
↓
羅馬公路與台三線交叉口（60km）
↓
高原加油站（67km）
↓
溪州大橋（72km）
↓
南苑停車場（74km）

桃園　#避暑　#美景　#停車方便

石門水庫環湖兩鐵路線

帶路人：一輪
挑戰度：★★★★☆

> 石門水庫是北部的重要水庫，也是全台第三大的水庫，園區湖光山色，環境維護完善，對外可連接幾十個旅遊景點，騎一圈大或小環湖，再回園區內跑一跑，為自己設計一個強度可自由搭配的兩鐵訓練吧！

起終點停車休憩天堂

起終點皆設在南苑停車場，石門水庫園區沒有公車行進，需自駕，園區內有相當多的停車場，南苑停車場腹地大、有廁所、飲料販賣機，且位於後池堰旁，後池堰平緩相當適合跑步。

涼爽丘陵地形訓練 +4km 湖景緩跑

石門水庫大環湖里程數約74公里、爬升1,200公尺、坡型為丘陵地形，非常適合訓練丘陵地賽事或耐力賽。大環湖銜接羅馬公路（縣道118），這條是桃竹車

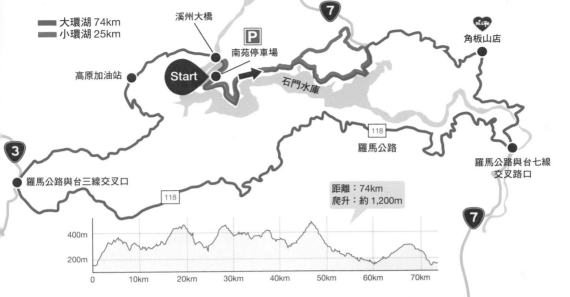

大環湖 74km
小環湖 25km

溪州大橋
P
南苑停車場
Start
高原加油站
石門水庫

7
角板山店

118
羅馬公路

3
羅馬公路與台三線交叉口

118

羅馬公路與台七線交叉路口

7

距離：74km
爬升：約 1,200m

400m
200m
0   10km   20km   30km   40km   50km   60km   70km

友相當熱愛的單車路線，夏日涼爽林蔭多，由於海拔不高，道路兩側多樹林，所以風不大，冬天也不至於太冷。

　　回到南苑停車場，即可直接放單車、換跑鞋，在石門水庫園區內的後池堰跑步。後池堰為水壩下游，用來調節發電廠的尾水，兼具洩洪時消能之作用。後池堰一圈不大不小，4公里剛剛好，有一小段的陡上下坡，沒有人車爭道問題，整體算是平緩好跑，還可以飽覽環山湖色。

路線變化：小環湖 25km

　　若單車路線的大環湖強度太高，可調整為小環湖一圈僅25公里、爬升約400公尺，由南苑停車場出發，行經溪州山與台7線，再右轉百吉國小，從阿姆坪那側回來。跑步的部分，則可自由搭配里程數。

- **氣候特色**：羅馬公路夏季涼爽、冬季非常寒冷；後池堰海拔約 150m，氣候與平地相同，但要注意山區午後易有雷陣雨
- **如何到達**：開車前往「南苑停車場」
- **補給點**：角板山便利商店、馬武督便利商店（60km）、台3乙便利商店（72km），羅馬公路上僅有雜貨店，石門水庫園區內無便利商店

桃園與新竹交界處，準備開始10多公里的下滑

模擬賽道 台灣

Challenge Taiwan國際鐵人三項競賽

> 純跑步或騎車容易膩嗎？請務必嘗試一次鐵人三項比賽，重新活化你的運動生活！石門水庫環湖路線非常適合參加半程（113公里）、全程（226公里）超鐵賽的業餘愛好者，賽前兩個月在此進行轉換訓練。

順利完成CT113，披上有大會特有圖騰的完賽毛巾

訓練重點

台東是台灣鐵人賽的常備賽道，游泳場地活水湖相較海水安全性高、氣候影響因素小，湖旁的台東森林公園腹地大，方便規劃轉換區。單車賽道則沿著東部海岸景色，搭配微微的高低起伏，若拚盡全力比賽，相當具有挑戰性。跑步結合市區風景與宜人的台東森林公園，跑起來相當舒心，可以好好地感受一旁加油團的振奮鼓勵與台東的恬靜之美。

Challenge Taiwan（以下簡稱CT）的半程、全程超鐵賽成績主要拉距項目是單車與跑步。對於業餘愛好者，可以著重在這兩項的交互與轉換訓練，主要是避免跑步段的抽筋，務必至少在賽前兩個月進行3次的轉換訓練。距離方面，建議單車30-80公里加跑步8-15公里，根據自身體能條件逐步拉長練習距離與提高強度。

以上賽前兩個月的轉換訓練距離，非常適合在石門水庫訓練，這條路線強度雖然能夠自由調配，但單車路線比較辛苦，記得不要消耗太多體力，務必保

留一點體力在跑步項目，由於每個人的體能狀況不一樣，難以用數據清楚表示，建議訓練的耗力指數約6到8成的力量來練習，練習上可以盡量把自己榨乾，比賽過程就不會太痛苦，也可以拍出美美的賽事照片。

畢竟想看起來毫不費力，你就必須很努力！

比賽策略

CT賽事是許多剛入鐵人三項坑的鐵友首選，113半程超鐵組適合游泳能力不強，但單車和跑步不差的選手，因為113組別的游泳關門時間較51.5寬鬆許多，而對業餘選手來說，游泳成績通常差異不大，力拼游泳關門時間前安全上岸即可。游泳建議使用自由式，以減少蛙式對腿部肌肉的負擔，但賽前需要練習抬頭定位。重要的是，新手鐵人在選擇比賽項目與確定參賽前，要先確認自己游泳是否能順利過關（1.9km、90分內）。

單車是用時最長的項目，騎乘能力表現可以拉出距離，但單車比賽除了看個人體能表現，車子配備和性能也有明顯差異，建議騎乘輸出7成左右的功率。最後的跑步項目更是成績關鍵！就如鐵友間流傳一說：「跑步跑得好，成績沒煩惱。」

Challenge Taiwan 國際鐵人三項競賽

CT鐵人賽在台舉辦11年，主辦單位年年都在進步，活動主視覺、比賽物資、補給站和活動動線都很用心，隨著朝聖的人越來越多，賽道也相當熱鬧。最暖心的是，賽事鼓勵家人陪伴，開放親友與選手一起跑進終點線。

賽事資訊

- 歷年舉辦時間：3-4月
- 賽事地點：台東活水湖
- 參賽條件：務必先學會游泳並好好練習
- 賽事最大亮點：①路線優美　②跑步項目賽道熱鬧　③比賽物資好看

2022年CT賽事的八嗡嗡沿海賽段

茄苳景觀大道
路線指南

總距離：來回10km
總爬升：約180m

牛埔東路口（0km）
↓
7-11璟觀門市（5km）
↓
牛埔東路口（10km）

茄苳景觀大道
高強度間歇訓練路線

帶路人：許仁茂
挑戰度：★★★★☆

茄苳景觀大道是新竹第一條景觀道路，自牛埔東路到7-11璟觀門市來回10公里，大部分路段位於山區，呈南北走向。這條路線有足夠的燈光照明，並有觀景台與休憩區，可遠眺新竹市區；路線設置中央綠化安全島及快慢車道分隔島，相當適合鐵人三項、單車、馬拉松的賽事準備。

安全永遠是選擇訓練路線的第一要件

　　茄苳景觀大道是一條「有強度」的單車間歇訓練路線，即便挑戰度偏高，卻不減安全性。這條道路對訓練的好處是，路中央有安全島，還有分快車道、慢車道，不論騎車或是跑步都相對安全。而安全永遠是選擇訓練路線的第一要件！另一個好處是，新竹香山游泳池離起點僅約200公尺，若時間允許，可以先游泳後騎車，緊接轉換跑步，模擬短程的鐵人三項賽事。

　　這條路線最好的練習時間點是早上4:30-6:30之間，車流相當少，光線照明也非常足夠，再加上自己的車頭燈跟警示燈，即便這麼早也能確保一定的安全性。

4個上下坡高度間歇訓練
測試自己也測試裝備

　　路段全程會經過6個紅綠燈，共有4個上、下坡，每一段距離與高度都不同。在上坡時可以測試雙腳的爆發力、肌耐力和心肺功能。在這樣的測試過程中，重要的是能覺察自己身體的忍受力跟接受度可以承受到哪種程度。

　　另一個重要的訓練是，要懂得利用變速系統、迴轉數、專注踩踏的技巧，去感受大小盤與飛輪齒比的變速搭配，以達到最大利用率，才能更省力、有效能地持續進攻。在騎乘訓練中盡量做輪組高低框的測試，能自我評估參加哪一場賽事可選用什麼類型的輪組，來促進現階段的體能產生最大幫助。如此反覆地測試，就能讓自己重新愛上自己。

　　「上坡容易下坡難」，相信這句話大家一定不陌生。原因是，許多人在下坡時的高速中，衝擊著自己內心的害怕，害怕高速所隱含的危險性，因此下坡更需要練習。透過每次的練習熟悉掌控單車的技術，熟練後信心提升，膽識也會增加。

　　「熟練」是技巧提升的重要路徑之一。這條路線有4次上下坡，其中，下坡對於如何降低風阻、過彎技巧、減少力量輸出、掌握如何休息等都是種訓練；下坡後馬上接著上坡，就是一種高度間歇訓練的循環。

距離：單程 5km
爬升：約 180m

- **氣候特色**：新竹的風勢較大，建議在早上 4:30-6:30 之間練習，車流少也較不曬
- **如何到達**：建議自行開車或騎車前往
- **補給點**：7-11 璟觀門市

轉換跑訓練腳感和蹬踏技巧

　　茄苳景觀大道也是新竹市許多跑者喜愛的跑步路線。轉換跑和騎車的路線一樣，都是在上下坡中，訓練自己的腳感和蹬踏技巧，即使只跑半程也有相當好的訓練效果。因為有慢車道，跑步來回10公里很安全，傍晚還可以邊跑邊欣賞夕陽無限好。

模擬賽道 台灣
普悠瑪鐵人三項

> 在茄苳景觀大道的訓練可依照不同目標運用「趟數」累加，能滿足一般鐵人三項賽事所需的訓練難度，而且路線的可控制性相當高，非常適合舉辦於「鐵人的故鄉」台東的鐵人賽。

如右頁介紹，2022年FXT於秀姑巒溪出海口，完成游泳段上岸（照片來源：Bill Yang）

訓練重點

　　超半鐵113：每週騎3次茄苳景觀大道，另加假日長距離騎乘。週間每次騎景觀大道5趟，共50公里，接著跑步5公里；假日騎6趟共60公里，再跑步10公里。對於單車以外的其他兩項，可安排每週1次長距離跑15公里，游泳2,000公尺，接續跑3公里，就能滿足113所需的訓練。

　　超鐵226：每週騎3次茄苳景觀大道，另加假日長距離騎乘。週間每次騎景觀大道6趟，共60公里，接著跑步5公里；假日騎8趟共80公里，再跑步10公里。對於單車以外的其他兩項，可安排每週至少1次長距離跑15公里，游泳3,800公尺，接續跑3公里，就能滿足226所需的訓練。

比賽策略

　　賽前做好準備，賽中享受過程，賽後盡情慶祝。在比賽前按照自己的節奏穩定的累積自己的體能，接近比賽的一個月，特別注意飲食和保暖，避免生病。若是做足了準備卻在賽前一週吃壞肚子或是生病了，一定會相當懊惱。比賽時的實力都在平常的練習當中累積了，所以相信自己的訓練，到賽場上就是去感受大會為大家準備的一切，並享受自己跟自己創造的紀錄。

普悠瑪鐵人三項

賽事資訊

● 例年舉辦時間：3月、9月
● 賽事地點：台東森林公園與活水湖
● 參賽條件：滿18歲以上一般民眾，可選擇競賽組或挑戰組
● 賽事最大亮點：①有獎金　②補給充足　③有大小鐵人賽，可闔家參加
（更詳細的賽事介紹可見P.36）

模擬賽道 [亞太]
IRONMAN世錦賽、FXT 極限鐵人三項

IRONMAN世錦賽（以下簡稱KONA）是鐵人們心目中的最高殿堂；FXT 極限鐵人三項（以下簡稱FXT）則是鐵人的極限巔峰。將兩場極限賽事並列介紹，是希望呈現，即便是在茄苳景觀大道這樣一條單純的訓練路線，也可以依照不同賽事的困難度、自己的目標來調整訓練計畫。只要持續扎實地練習，無論在哪裡訓練，都能超越自己！

訓練重點

FXT：每週騎4次茄苳景觀大道，另加假日長距離騎乘。週間每次騎6趟共60公里，接著跑步5公里；假日騎10趟共100公里。對於單車以外的其他兩項，可安排每週連續兩天跑15公里，游泳3,800公尺，接續跑3公里。

KONA：每週騎4次茄苳景觀大道，另加假日長距離騎乘。週間每次騎6趟共60公里，假日騎10趟100公里。

比賽策略

舉辦於夏威夷的Kona，飲食和氣候都跟台灣差異很大；而花蓮山上的天氣變化總是難以預測。所以如果時間和金錢允許，在賽前提前到達適應，會讓比賽進行得更順利。

要順利完成這兩場比賽有一個共同重點—抗壓。邀請家人好友一起參與，可作為身心上最大的後援。在比賽當下，只要想著這是平常的訓練累積起來，而現在就等著享受比賽的一切吧！

IRONMAN KONA

必須先在全球各場IRONMAN超鐵226賽事中取得分組優異成績，各分組依照參賽人數提供名額，每次參賽都須重新爭取資格。

賽事資訊
- 歷年舉辦時間：10月的第二週
- 賽事地點：夏威夷Kona
- 參賽條件：在IRONMAN賽事取得分組優異成績
- 賽事最大亮點：①鐵人賽事的發源地　②匯集全世界的鐵人好手　③賽道環境優美　④比賽結合旅遊

FXT 極限鐵人三項

全賽段總爬升超過6,000公尺，是全世界第13個極限賽道。參賽必須在當年7月送交限定時間內最佳的226km完賽成績給大會審核。

賽事資訊
- 歷年舉辦時間： 11月
- 賽事地點：花蓮靜浦
- 參賽條件：見上述參賽資格
- 賽事最大亮點：①鐵人賽事的巔峰　②匯集全台灣鐵人好手　③自組團隊凝聚力佳　④比完一場可以感動很久

十八尖山階梯
高強度間歇訓練路線

十八尖山階梯
路線指南

總距離：來回480m
總爬升：單趟322階約122m

十八尖山獅子亭（0m）
↓
十八尖山幸福亭（240m）
↓
十八尖山獅子亭（480m）

帶路人：許仁茂
挑戰度：★★★★★

十八尖山是筆者加強訓練的最佳場所。選擇這條路線的原因有二：一是它在市中心，又有規劃良好的停車場，相當方便到達，住在新竹市區的人隨時有空檔都能去練；二是跑階梯強度非常高，主要能訓練心肺功能、肌耐力，以及堅持下去的意志力！

18 層樓高的身心磨練

從博愛路入口的獅子亭跑到幸福亭，台階總共322階，建議每次訓練來回跑大約10至20趟，爬升相較於一般大樓1到18樓的高度。

要注意的是，在十八尖山階梯訓練過程中需要非常專注，因為每一階的高度都有差異，而階梯寬度、踏板大小也都不同，相當考驗雙腳的蹬、踏，以及手眼協調度，稍微一點鬆懈就容易跌倒受傷。

依筆者經驗，在每一趟上坡階梯跑至3分之2處時，大腿股四頭肌會開始感到痠痛，隨著來回跑的次數

增加，有時候會有缺氧的情況產生，且心跳速都能拉到每分鐘180-200下。此時正是在跟自己意志力搏鬥的時候。

當氣喘吁吁時，想放棄；缺氧頭痛時，想放棄；在肌肉痠到抬不起腳時，想放棄。不過，每次當這些念頭升起，請跟自己說：「你可以的，這是你跟自己的挑戰！」

當階梯訓練達標時看到幸福亭，你的心裡會湧出滿滿的幸福感，因為終於可以休息了。最後一趟結束後你將感覺非常過癮，滿意自己又完成了一項高強度訓練，並帶著發軟的雙腳，確定它們又更強壯了。

全家大小皆宜的健行步道

十八尖山有如新竹人的後花園，一年四季都有美麗的景色，也是台灣小百岳之一，很適合全家大小一起來造訪。家人們在步道健行的同時，你也可以趁機來幾趟高強度訓練。

這裡無論是早上、下午或傍晚都會遇到許多跑友，主因環境相當安全，有飲水機方便補水，停車場附近有窯烤麵包、餐廳等，如果需要補充能量或用餐，5分鐘內都可以到達，十分方便。非常推薦給新竹在地或是來新竹遊玩的鐵友、跑友們。

※本篇為特殊路線，適合各種比賽的備賽交叉訓練，因此無提供對應的模擬賽道介紹。

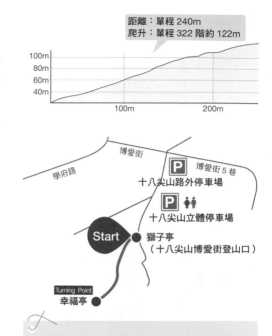

距離：單程 240m
爬升：單程 322 階約 122m

- **氣候特色**：四季溫度都在 14-25℃ 之間
- **如何到達**：汽機車前往「十八尖山立體停車場」或「十八尖山路外停車場」
- **補給點**：幸福亭旁飲水機、十八尖山立體停車場周圍小吃店家

當階梯訓練達標時看到幸福亭，心裡會湧出滿滿的幸福感，因為終於可以休息了

#平路 #長距離訓練 #協力車友善

西濱公路
單車新手經典路線

帶路人：姜義村
挑戰度：★★★☆☆

西濱公路
路線指南

總距離：來回90.6km
總爬升：約44m

廖添丁廟（新北0km）
↓
南灣頭濱海步道（3.6km）
↓
林口頂寮（11km）
↓
竹圍漁港（桃園17.5km）
↓
圳頭軍史公園（23km）
↓
白沙岬燈塔（37km）
↓
永安漁港（45.3km）
↓
廖添丁廟（90.6km）

對於單車愛好者而言，台15線、台61線、西濱公路無疑是北部最適合新手練車的路線之一。這條路線沒有太多叉路，路況良好，包括一日北高、一日雙塔等長途騎行路線的起點都設於此，不論對於一般單車愛好者或視障協力車使用者，都是絕佳的練習路線。

出發前必補足補給　前 11km 跟車隊保安全

　　建議將起終點設在新北市八里的廖添丁廟，附近有足夠的路邊停車格和停車場，也有便利商店可購買補給。台15和台61西濱線平時車流量不大，紅綠燈也不多，非常適合進行中長距離訓練。美中不足的是該路線較偏僻，沿途補給商家少，建議出發前備足水和補給。

　　從廖添丁廟出發後的前11公里到達林口頂寮，由於部分是快速道路和一般道路合併，可能有速度不慢的砂石車行經，要特別留意大型車輛的聲音。因此，不論是視障協力車或聽障騎士，建議結伴同行形成車隊集團，較容易被辨識以確保安全。

距離：單程 45.3km
爬升：約 22m

Start
八里廖添丁店 FamilyMart
南灣頭濱海步道
廖添丁廟
林口頂寮
竹圍漁港
圳頭軍史公園
桃園國際機場
白沙岬燈塔
Turning Point
永安漁港

新北市
桃園市
林口區

騎車路線　西濱公路單車新手經典路線

* **氣候特色**：海邊強陣風，不論是側風、逆風或順風都需要特別留心
* **如何到達**：開車前往或攜帶自行車搭捷運至關渡站，過關渡橋沿台15線往桃園方向即可抵達廖添丁廟
* **補給點**：廖添丁廟、竹圍漁港、永安漁港

注意風向　留意指標免錯過上橋

　　西濱公路比市區或河濱公園路線少遮蔽物，要特別注意防曬和風向。夏日練習建議選擇清晨或黃昏，在視線仍清楚且太陽曝曬較緩和時進行。另須留意順風和逆風對於騎乘時間和體力的影響，如果去程是順風，回程遇到逆風的機率高，因此應多加考量時間規劃和在終點逗留的時間。此外，不論是公路車、三鐵車或協力車，使用碟輪或是板寬較高的碟輪車友務必注意海邊側風。

　　台61線有不少汽車專用的高架道路，單車有時需要行走在高架橋下的平面道路，有時則須上橋與高架快速道路平行（中間有中隔島）。要特別留意地上或旁邊路牌是否有「過橋側車道」標示，以免錯過上橋的機會。例如，從廖添丁廟出發後約15公里處接近竹圍漁港的彩虹橋前有分岔路，此時騎右線才能上高架過河，左手邊則通往竹圍漁港。

　　由於路線單純且紅綠燈少，騎乘速度容易較快，要特別注意下橋路段的終點通常有交通號誌，絕不能貪快闖紅燈，並在靠近路口時特別留心黃燈，以便預備煞車。此外，部分路段路燈設置不密集，不建議在夜間騎乘，若夜間騎乘務必裝設足夠亮度的照明設備和警示燈。

起終點新北市八里的廖添丁廟

97

模擬賽道 台灣

LAVA TRI 玩賽樂園

首屆於2023年舉辦的新型態賽事,特色之一是強調「不關門」,參賽者有足夠的時間完成51.5、113或226公里的各賽段挑戰,總時間長達近19小時。對於身心障礙者或想完成初鐵的朋友來說,絕對是一場不容錯過的歡樂賽事。不過對新手而言,113或226仍具挑戰性,單車賽段需要慢慢騎完90或180公里,而西濱路線一趟90公里,適合用來自我評估是否具備單車賽段的能力。

訓練重點

　　既然是玩賽,訓練重點當然跟一般鐵人賽不同,就是「要開開心心參加比賽!」因此必須先了解比賽的特殊規則:

1. 游泳開放攜帶浮具,可以是魚雷浮標、泳圈、甚至是天鵝泳圈。
2. 轉換區備有熱水,可以悠哉吃碗泡麵或是來杯熱咖啡醒腦後再出發。
3. 轉換區備有LAVA Queen專用廁所,妳可以化好妝美美的再出發。
4. 自行車不限車種,非常歡迎騎著電輔車優雅地挑戰180公里。
5. 自行車補給站不提供水壺並採靜態補給,務必停下車喝好吃飽再出發。
6. 路跑補給站不提供一次性水杯,選手務必自帶水杯,環保愛地球。

　　透過以上規則可了解,這場賽事與一般的競技賽事有很大的不同。游泳賽段可以隨時靠岸休息,甚至用「走」的前進,因此需要具備足夠的游泳能力,或是透過適當的浮具來幫助自己跨越活水湖。

　　單車賽段方面,51.5組騎40公里應不

單車賽段經過東河,怎麼可以錯過好吃的東河包子呢?

會有太大困難,但對於新手而言,113或226的賽程具有挑戰,因此,訓練重點在於培養能持續該里程長度的體力。建立長期騎乘的習慣非常重要,並要具備慢慢騎完90或180公里的訓練能力,但不用像其他鐵人賽必須不間斷完成。所以在週末長距離訓練時,可以中途休息一段時間再繼續騎行,只要能騎乘100或200公里,就可以評估是否具備單車賽段的完賽能力。

至於路跑賽段重點在跑走的能力，也就是要有足夠耐力能穩定推進至少10、20或42公里的距離。強調的是穩定前進的意志力，而非速度。

比賽策略

「好好玩樂」是這場比賽最主要的策略！嬉笑玩樂、拍照打卡和參與沿途賽道的遊戲…，千萬別因為急著要到達終點而忘記賽道上精彩的玩樂元素，像是美味的食物、有趣的遊戲，以及令人屏息的台東海景與山景風光。

游泳賽段強調慢慢、優雅地游泳在活水湖中，可欣賞參賽者帶來各式各樣令人驚嘆的游泳裝備，不僅享受沉浸在活水湖中的涼爽，還可左右看看周圍輕鬆自在的選手。一定要不斷告訴自己「這不是比賽，這是玩賽！」玩樂才是最重要的。建議攜帶防水手機打卡拍照，好好享受並留下美好的回憶。

進入單車賽段，當然要欣賞迷人的台東風光。經過水往上流，可以停下來拍張照片讚嘆造物主的神奇；經過東河，怎麼可以錯過好吃的東河包子呢？賽道行經的每個台東小鄉鎮都有令人難忘的特產與自然風光，別忘了停下來吃吃喝喝，拍張照片再繼續前進。再次提醒，單車賽段時間很寬裕，千萬不要匆忙，好好享受台東美麗的海景和沿途風光吧！

路跑賽段全程在台東森林公園內，

最有趣的是穿越演唱會搖滾區和舞台中間的跑道設計。記得經過舞台時要向右揮手，有時可能是一位演唱會明星，有時則是DJ正在播放音樂，隨著音樂節奏跑起來吧！別忘記在每個補給站停下來，因為補給站提供了許多台東特色小吃，絕不能錯過。再次強調，這不是比賽，這是玩賽！好好享受吧！

LAVA TRI 玩賽樂園

「不關門」的鐵人三項賽，賽道設計獨特有趣，結合了沿途的遊戲活動、多元補給站和演唱會搖滾區的跑道，還可以加碼參加比賽隔天一早的Beer Mile啤酒路跑活動。這些都是台灣鐵人賽界的創新之舉。

賽事資訊

- 歷年舉辦時間：3月初
- 賽事地點：台東活水湖
- 參賽條件：一般民眾
- 賽事最大亮點：①關門時間為凌晨1點，可以慢慢享受 ②沿途補給和活動遊戲有趣 ③226組可以邊玩跑邊聽演唱會 ④超級歡樂的Beer Mile啤酒路跑

內灣老街—宇老觀景台 路線指南

總距離：來回44km
總爬升：約1,200m

內灣老街（0km）
↓
萊爾富尖石會來店（3km）
↓
錦屏大橋（6.5km）
↓
青蛙石（8km）
↓
金財商店（13.4km）
↓
宇老景觀台（22km折返點）
↓
內灣老街（44km）

內灣老街到宇老吃臭豆腐

帶路人：一輪
挑戰度：★★★☆☆

這條路線相當適合熱愛爬坡和美食的車友。充滿傳統風情與客家特色美食的內灣老街，搭配隔壁山頭的宇老觀景台，絕對讓你吃過癮也騎過癮！

起終點美食天堂

起終點皆設在內灣老街，除了方便停車之外，內灣老街相當具有觀光價值，當地以客家居民為主，老街上有許多特色客家美食，例如野薑花粽、客家料理餐廳、擂茶冰沙、客家麻糬等，可以立即補充騎完車所失去的熱量。

中短距離的陡坡練車路線

內灣老街到宇老觀景台距離22公里，爬升約1,200公尺，坡型為連續上坡、平均坡度約7%，是條中短距離的陡坡練車路線，也是北部車友練武嶺的前哨站。

出發約3公里，左轉尖石二橋（竹60）經過幾幢住屋，再左轉入錦屏大橋，路線明顯好認，而這裡也是陡坡的開始。宇老段19公里，常被車友以「金財商店」分為前後半部。前半段的10公里平均坡度約5%，沿途相當清幽，道路被大石壁與山林圍繞，此時大口呼吸山林

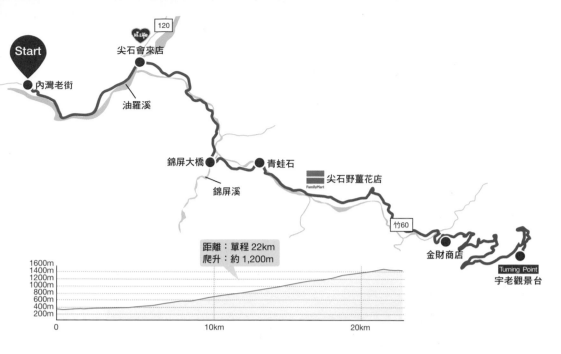

間的清新空氣，讓你忽略逐漸沉重的踏頻。

後半段的9公里風景視野慢慢開闊，但平均坡度超過7%，有許多急彎和瞬間陡坡，車道空間不大，要注意對向來車。抵達宇老觀景台前500公尺有一個交叉口，右轉後離終點只剩500公尺，但得面臨超過12%以上的陡坡；而左轉離終點約1.5公里坡度，卻相較平緩許多。

宇老觀景台視野開闊，可眺望尖石鄉美景以及玉峰大橋，這裡也有許多小攤販，臭豆腐是來此必吃美食之一！

<u>注意事項</u>

● 這條路線為雙線車道，地形落差大，下滑時需保持高度專注，勿跨越對向車道。

● 山區天氣變化多端，易有午後雷陣

● **氣候特色**：夏季是避暑勝地、冬季非常寒冷，注意山區午後易有雷陣雨

● **如何到達**：建議開車前往，或坐火車至內灣車站

● **補給點**：內灣老街、萊爾富便利商店尖石會來店、全家便利商店尖石野薑花店（9.5km）、金財商店、宇老觀景台

雨，建議中午前下山。

● 行前記得帶風衣和手套保暖，避免失溫與手指凍傷導致剎車按壓不靈敏。

路線變化：宇老大滿貫

宇老觀景台可從玉峰端上，坡型近似於東進武嶺的大禹嶺段。所以想在武嶺路線取得好成績，可以將路線延長成宇老大滿貫，環形路線，全長115公里、爬升2,300公尺。

模擬賽道 台灣

西進武嶺

> 針對單車新手，如果賽前訓練時間不充足，短中距離（10-30公里）的爬坡可挑選平均坡度落在6-8%左右的路段。內灣老街到宇老觀景台的路線就符合這樣的訓練需求，主要可練爬坡肌力，以及對車子的操控性。

台灣公路的最高點武嶺牌樓，也是單車人的最高殿堂

訓練重點

武嶺牌樓是台灣公路的最高點，從低海拔的山林環繞，到高海拔開闊視野，路線圍繞著大自然，連續的長陡坡，到3,000公尺以上空氣開始稀薄，相

當具有挑戰性。若想在這條路線拿下好成績，更需要在課表和補給上有策略性規畫。

若是單車狂熱者，賽前3個月可著重中距離（30-60公里）的爬坡，爬坡路段

盡可能平均落在7%-10%，功率輸出8成左右，以練習爬坡肌力為主，適當地混合耐力訓練。另外，體重如果能控制得當，在爬坡表現上會大幅提升。

賽前，除了前述的10-30公里短中距離訓練，週末若有較完整的訓練時間，建議拉長至50-120公里的爬坡，累積爬升2,000公尺以上。在前頁的路線變化「宇老大滿貫」就非常適合長距離爬坡訓練，主要是練耐力與屁股。

比賽策略

爬坡賽很受個人身形、能力、補給策略和車子配備影響。比賽時務必注意功率的輸出，由於是長距離爬坡賽，千萬不要一開始就跟其他選手暴衝，為自己保留體力面對後半段的陡坡。

要適時、定時地補給避免抽筋，建議每30分鐘就進行一次補給，以鹽錠、香蕉、高熱量巧克力或果膠最為推薦。賽道沿途有不少便利商店，例如仁愛、霧社、清境，若不趕時間，進便利商店補充麵包、泡麵之類的也很不錯。務必筆記！最後一間便利商店約在34公里處（全家清境雲海店)。

齒比的配置方面，車友可以將飛輪改至32T或34T，若是以28T上武嶺，通常能獲得「真男人」的稱號。

一般業餘選手初次完賽時間落在5-7小時，菁英業餘選手初次完賽時間約落在3.5-4.5小時。開賽後，慢慢地你會跟

西進武嶺

在台灣，武嶺是單車人的最高殿堂。這條經典路線會讓人上癮，一騎再騎的人不在少數，許多熱愛公路車的車友每年至少會騎一趟，把西進武嶺的路線當作是自我的年度測驗，一次次挑戰自己的成績。每年都有許多主辦單位會舉辦此路線的賽事，但大多非國際賽事，所以不會封閉道路。賽事時間集中在6-10月份，是一條很適合夏季避暑的比賽路線。

● 歷年舉辦時間：6-10月
● 賽事地點：地理中心碑
● 參賽條件：具備一定的騎乘能力
● 賽事最大亮點：①賽道困難　②路線優美　③單車最高殿堂　④夏天的天然冷氣房

延著台14線接台14甲一路爬升至武嶺，群山美景繚繞，空氣稀薄（圖片來源：Dama）

和你差不多能力的車友騎在一起，這些才是你賽事中真正的好朋友啊！

最後，若是自行下滑需約2小時，海拔落差極大，每100公尺下降0.6度，身體和手部的保暖一定要記得。

東海大學──台中都會公園
路線指南

總距離：12km
總爬升：約200m

東海大學管理學院廣場（0km）
↓
路思義教堂（1.5km）
↓
東海藝術商圈（3.5km）
↓
台中都會公園（5.5km）
↓
台中科學園區（8.2km）
↓
東海大學管理學院廣場（12km）

東海大學──台中都會公園
綠蔭緩坡訓練路線

帶路人：姚焱堯
挑戰度：★★★☆☆

在綠樹林蔭間，經過台中著名的地標與景點，隨著緩步上升的路線，腳踏城市的高點遠眺台中市景。這條路線可練跑也可練騎，除了練腳力，更是一趟身心舒暢的訓練饗宴。

起終點團練勝地　拍美照＋便利性一應俱全

東海大學可說是台中人的後花園，校園內綠樹成蔭、花木扶疏，環校道路高低起伏，景致優美。每到週末，更是眾多在地跑團集結的團練勝地。起終點管理學院院區有廁所、飲水機及7-Eleven超商，管理學院現代感的建築，開闊的廣場更是熱身、收操的好場所，吸引跑者在此拍照、打卡留存訓練的軌跡。

- **氣候特色**：台中春、秋、冬三季氣候宜人，早晨是訓練的好時機；夏季氣溫偏高，但早晨 8:00 前氣溫不超過 28℃，且路線半數以上有綠樹遮蔭，若提早晨練不會有燠熱感
- **如何到達**：東海校園內外有不少停車位；大眾運輸可搭台中市公車在台灣大道的「捐血中心站」下車，步行 300 公尺即達
- **補給點**：7-11 管院門市、東海校內多處設飲水機、萊爾富便利商店 台中中都店

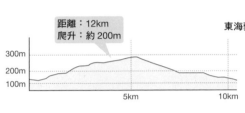

距離：12km
爬升：約 200m

從東海管院出發，先經過著名的東海大學牧場、路思義教堂等地標，接著跨越東海藝術商圈、台中都會公園及台中科學園區，最後再回到起點管理學院。路線半數以上的路程有綠樹遮蔭，沿途也有多個公共廁所、飲水機與超商，不用擔心上廁所或是補水的問題。

會。回到終點東海大學之後，若是需要加強速度練習，可以充分利用管理學院旁的一段校園道路，平坦、筆直且沒有車輛行駛，來回長達1.5公里，是進行長距離間歇訓練的絕佳跑道。

一路緩升至賞夜景勝地
回終點間歇訓練

路線的前半段是緩上坡，一路上升到最高點都會公園，這裡占地88公頃，祖野遼闊，是台中知名的賞夜景地點。近可見台中市區的車水馬龍，天氣好時遠眺，還能見到台灣海峽與台中港。

從東海至都會公園這段共7-8公里的距離，是鍛鍊腳力及心肺能力的好機

台中都會公園地標種子日晷（照片來源：姜明雄）

模擬賽道 台灣
礁溪溫泉馬拉松

從礁溪國小出發，賽道路經五峰旗風景區、湯圍溝溫泉公園、龍潭湖、淡江大學蘭陽校區、佛光大學、林美石磐步道等處，風景優美。賽道整體皆為緩坡起伏，最高點海拔約500多公尺；前段一路緩坡的東海大學至台中都會公園路線，可模擬類似賽道的地形。

2022年的礁溪溫泉馬為跑者設計「祭典衣」（照片來源：筆記網路）

訓練重點

由於礁溪溫泉馬的全馬賽道有長達10公里、總爬升超過500公尺的上坡路段，在「東海大學——台中都會公園」做日常訓練時，建議利用東海大學校園內一圈5公里的環校道路，額外加碼2-3圈的上下坡練習，並善用沿途的飲水機進行水分補給。無論在訓練或是比賽中，建議多留意呼吸節奏與配速策略。

比賽策略

若擔心全馬路線爬坡路段太長、挑戰性太高，強烈建議選擇半馬組別，路線平坦許多，可以輕鬆享受奔馳在蘭陽平原的暢快舒適。礁溪溫泉馬號稱全台跑旅首選，那麼只要平時利用上述路線訓練足夠，比賽就抱著悠閒的心情來「享受」馬拉松吧！

全馬賽道跑經多處自然景點，除了蘭陽平原無垠的稻田，還有水圳、湖泊、山林，可盡情吸收芬多精。而無論全馬和半馬賽道均會環繞龍潭湖1圈，彷彿跑進被湖光山景圍繞的絕美田徑場。

除了享受賽道優美的景緻，跑者更能在賽後體驗水質絕佳的溫泉、美食等在地特色，是犒賞自己或安排家庭旅遊的最佳選擇。創新的賽事體驗也相當吸引人，例如2022年主辦單位礁溪鄉公所特別為跑者設計了「祭典衣」，彰顯「老派溫泉饗宴」的氛圍，透過路跑體驗充滿台日風情的跑旅饗宴。

礁溪溫泉馬拉松

比賽號稱全台跑旅首選，也是全台唯一以溫泉為主題的馬拉松。

賽事資訊
- 歷年舉辦時間：12月第一個星期六
- 賽事地點：宜蘭縣礁溪鄉礁溪國小
- 參賽條件：全馬、半馬組年滿16歲；健康樂跑組10km、親子組3km不限年齡
- 賽事最大亮點：①台灣唯一平地溫泉馬拉松，營造浪漫台日風情的跑旅體驗 ②賽道沿途自然景觀豐富，讓跑者如同沉浸在森林浴中 ③全馬及半馬跑者均會環繞龍潭湖1圈

北海道JAL千歲國際馬拉松

新葉萌芽的6月初夏，原生林環繞的賽道，讓整場馬拉松沉浸在森林浴之下，北海道千歲JAL國際馬拉松就在千歲川國家公園的支笏湖邊展開，跑者只要邁動雙腳、張開雙臂，就可以懷抱自然，呼吸純淨的芬多精。該賽事全馬的路線起伏平緩，與「東海大學──台中都會公園」路線一樣前半緩上、後半緩下，因此在此做上下坡的練習質量就足夠應付比賽。

訓練重點

由於千歲馬拉松的全馬路線起伏平緩，高低差僅約為155公尺，其中又以22公里附近為最高點，從起跑點一直到34公里都是未經造路的森林徑道，被大自然包圍的環境與「東海大學──台中都會公園」很相似，除了可做日常訓練，若要練較長距離如LSD訓練，可以跑完一趟該路線後，再利用東海校園內的環校道路多跑幾個小圈。由於校園內有綠

千歲國際馬拉松在新葉萌芽的原生林中開跑

蔭遮蔽且多處設有飲水機，除了可做日常訓練，也適合長時間的練習。若要練較長距離如長距離慢跑（LSD）訓練，可以跑完一趟該路線後，再利用東海校園內的環校道路多跑幾個小圈。

比賽策略

千歲的全馬路線有超過30公里是未經造路的平坦林徑，地面不似柏油道路的硬實，建議參賽的跑者不必過分追求成績，充分體驗森林馬拉松的清新舒暢，保留一點體力，盡情享受海外跑旅的樂趣。

主辦單位貼心在會場設置眾多的美食攤位，完賽後，來場不一樣的馬拉松森林啤酒趴吧！相約親友在森林公園裡暢飲北海道著名的啤酒、品嘗燒烤和當地美食，放鬆一下心情，也獎勵辛苦完賽的自己。

北海道JAL千歲國際馬拉松

賽事資訊

- 歷年舉辦時間：6月第一個星期日
- 賽事地點：日本北海道千歲市
- 參賽條件：高中以上，有完成至少17km的能力者
- 賽事最大亮點：①千歲川、支笏湖公園森林浴賽道　②6月台灣已進入炎熱夏季，而北海道初夏平均氣溫約16度，是十分舒適的避暑海外馬　③北海道的6月百花盛開，暑假人潮尚未湧現，參賽前後可以悠閒享受自然美景、溫泉、美食和購物樂趣

忘憂谷高美濕地路線指南

總距離：來回76km
總爬升：約175m

東海大學正門（0km）
↓
東海藝術商圈（1.8km）
↓
台中都會公園（4.1km）
↓
圳前仁愛公園（13.2km）
↓
忘憂谷（24km）
↓
高美濕地遊客中心（38km）
↓
東海大學正門（76km）

忘憂谷高美濕地逍遙遊

帶路人：舒跑哥
挑戰度：★★★★☆

> 享受人文氣息及森林芬多精，眺望晨曦或落日，徐風、稻浪…在這裡，塵封已久的身心靈像是被解放了。這條路線就是要你爽爽跑、逍遙騎，非常適合愛跑旅、騎旅的人。雖說訓練，更是讓你好好體驗、刷一下人生的存在感！

前 4km 都市森呼吸練跑園地

起點東海大學校多數是平地，並有一小段「傷心坡」，校園綠意盎然且飲水、廁所充足，每到春天還能欣賞優雅的櫻花林道，無疑是馬拉松選手適跑的賽道。

從東海大學正門跑出校園有一段緩坡，過東海藝術街後多平緩路面。經市75線往大肚山台地的台中都會公園前進，園內沿森林步道繞行一圈為5公里，起伏不一，宛如音符般不斷的跳動。在不同時間入園，欣賞到的景致也姿態各異。清晨來訪，宛如生命展露頭角，像初生嬰兒般充滿能量與活力的日出；傍晚入園，享受的是含羞待藏與浪漫的餘溫落日，真美！相信你跑到一半會為了景色而佇足，那麼就拍張相片留念吧！

距離：單程 38km
爬升：約 175m

台中都會公園內有多處可置放單車的點位，來轉換跑的車友務必將公路車上鎖，或與鄰近的租車業者打好關係借放，畢竟專業的寶貝公路車很貴。

一路逍遙騎到高美濕地

在台中都會公園之後的路段，建議騎著愛車，迎風馳騁往清泉崗機場旁的圳前仁愛公園戰道路線，以及忘憂谷的田野曲徑，這裡的景致將讓你驚嘆「就是這麼美！」貼心提醒，忘憂谷的荷花池有廁所，請記得紓解或小憩。

從忘憂谷到折返點——高美濕地一路平坦，能讓你迎風逍遙到高美濕地的風車大道。高美濕地近海邊，可遠眺落日搭配井然有序排排站的風車，儼然是一幅美麗的寫生畫。來此的最佳時間點是接近黃昏，如果攜伴同行，準備鹽酥雞、炸花枝加啤酒，坐在海岸堤防邊對飲爽喝，望著含羞怯怯即將投入海神懷抱的夕陽餘暉，天啊！相信你絕對會開始懷疑人生。

- **氣候特色**：春秋季約 18-25℃，夏季平均約 32℃，冬季東北季風較強時約 14℃上下
- **如何到達**：公車往東海大學（台灣大道四段），或騎車、開車前往
- **補給點**：東海大學及台中都會公園皆有飲用水機、廁所、自動販賣；台中都會公園至高美濕地的補給請注意沿途便利商店或檳榔攤，沒有「小蜜蜂」供應站哦！

忘憂谷的田園曲徑讓人樂以忘憂

模擬賽道 台灣
金門馬拉松

搭飛機才能參加的離島金門馬拉松，讓人有種「偽出國」的感覺。競賽組分為10.85公里、21公里半馬和42公里全馬，後兩組的賽道都橫跨大、小金門兩個島，跑往小金門需通過霧濛濛看不見且跑不完的世界盡頭跨海大橋，並迎戰小金門戰備道的傷心坡，而台中都會公園起起伏伏的森林步道，很適合小金門賽段的模擬訓練。

金門馬拉松起跑點

訓練重點

金門馬的大金路段相對平坦好跑，但當跑上通往小金的金門大橋，橋長5.4公里讓人有跑不到盡頭的方位迷失感。接著，全馬組將面臨小金門戰備道的大小坡，加上路面顛坡不好跑，要注意安全，避免翻腳刀（腳踝扭傷）。

前頁推薦路線途經的台中都會公園，相當適合做小金門賽段的模擬訓練，園內森林步道上上下下，起伏不一，對於跑者的耐力及抗壓很有幫助。

比賽策略

以筆者的體能狀況來說，大金賽段

的12公里可用4-5分均速加快完成；接續往小金的跨海大橋會遇到小緩坡，一般跑者多數會自動掉速；當過了跨海大橋制高點後，逐漸的緩下坡就可回到5分均速。全馬組需要繞行小金整整一圈，約18公里，在小金戰備道奔馳以安全為重，可以欣賞戰地風光、體會一下牛比人多的加油團。

自小金回程往大金的跨海大橋上，將同時遭遇爬坡、撞牆期和肚子餓的三面襲擊。雖然補給站的食物不多，但建議有甚麼就吃甚麼吧！好好撐過這座橋，因為下橋後還有特別揪心的最後2公里等著你。不過，完賽的瓷瓶紀念酒代表了一路被摧殘到苦盡甘來的補償，金門的美食與高粱酒更是讓人回味無窮，絕對值得。

（上）在金門馬賽道上可見許多戰地獨有風光
（左下）互通大小金門的跨海大橋長5.4km
（右下）全馬組跑者會遇到小金門戰備道的顛坡路面

金門馬拉松

賽事活動分兩天，週六是免費的5公里休閒組，大會大方送酒、衣服、早餐等完賽禮，讓全金門鄉親以及前來朝聖的台灣本島跑者扶老攜幼參與，人多到只能步行完賽。週日競賽組的完賽限時相當充裕，全馬7小時、半馬5小時、路跑10.85km 2小時，不容易被關門。其中全馬祖繞行小金門1圈，難度不低但可欣賞較多戰地風光。

賽事資訊
- 歷年舉辦時間：農曆年後的第二個週日
- 賽事地點：金門體育場
- 參賽條件：5km休閒組免報名費，老少皆宜；競賽組則有參賽年齡限制
- 賽事最大亮點：①要坐飛機參加的離島馬拉松 ②吃不完的隱藏版美食、伴手禮（最推蚵仔麵線、芋頭粥及貢糖） ③戰地馬拉松賽道可遙望對岸廈門，目睹戰車、砲彈、陣地及地道 ④橫越大、小金的金門跨海大橋 ⑤最大亮眼是完賽禮金門馬拉松紀念高粱酒

模擬賽道 北韓
平壤國際馬拉松

> 如果想顛覆自己的思維，到全世界最封閉未知的神秘國度跑一場馬拉松，應是
> 人生無憾了。參加北韓（北朝鮮）平壤馬拉松，全員出動的7萬市民浮誇開幕式
> 與沿路加油團，絕對讓你大開眼界！這場比賽的好處是幾乎沒有爬坡，平時可
> 在東海大學田徑場繞圈跑，把配速調好、強化續航力，對比賽很有幫助。

訓練重點

　　平壤馬起跑時間為早上9:00，賽道
自金日成體育場內起跑，跑出去環繞著
體育場週遭4圈， 溫度約10度上下，是
破PB或是拿進入國際比賽門票創造佳績
的賽事。平壤馬的路線無論是繞體育場
或是沿著大同江跑，基本上沒有坡！平
時可以利用東海大學田徑場進行繞圈模
式，把配速調穩、強化續航力，比較容
易駕馭平壤馬拉松。

比賽策略

　　參加平壤馬拉松，有一個重要任務
是探尋這神秘國度，但因受限於全馬完
賽時限4小時的心理壓力，且要環繞體
育場、凱旋門、金日成廣場、萬景台，
並沿著大同江畔來回繞4圈，一不小心掉
速恐怕被回收。因此建議第一圈先觀察
賽道狀況，不急著拍照，注意哪裡有地
雷、核子彈、機關槍或坦克車設置點，
記得避開（純屬玩笑）。

　　第二圈就可以開始猛拍照，主要景

全馬的完賽時限為4小時，因此要拼命跑、跑快點

點有：大同江、凱旋門、永生塔、牡丹
峰及金龍隧道等。人物照激推各大路口
顏質爆表的平壤交管女神軍警（拍她們
會被斥責刪除）；風景照首推賽道沿途
盛開的櫻花，真是美極了。

進入第三圈後肚子通常開始餓了，這時從台灣帶去的補給品和能量包將派上用場。第四圈讓人極度厭世，因為補給站只提供水，而且大會「技術性缺水」，人民公社集體行動的加油團也突然散了，此時有如曲終人散，賽道上有「千山我獨行不必相送」的孤獨感，選手恐不敵體力耗盡。所以，建議全程要好好配速，留一點時間給後段衝刺，千萬不要落入「天下武功，唯快不破」的迷失，那就GG下課了！

賽事特色與注意事項

北韓擁有社會主義國家體制，旅遊當地有許多讓人大開眼界的特色及無法預料的限制要注意。因此本篇特別提出參賽的各方面重要細節，確保你能開開心心跑馬，平平安安歸來。

賽前須知：需集體行動、嚴禁與北韓民眾交談、不得拍照（但記得偷偷拍）、沒有網路、電話打不通，最重要的是不要亂講話、不得切西瓜（賽道交管人員荷槍實彈）。直白一點，來到這個國家保證能體驗到生死未卜的感覺，一切只能聽天由命了。至於參賽服裝也要特別注意以素色為主，千萬別過度鮮豔或者Cosplay，否則大會絕不讓你入場。

賽中提醒：賽道上的補給站只有金正恩加持過的水！如果跑太慢就只能吞口水。另外，賽道廁所非常少，因此開跑前一定要先如廁，否則沿途可能找不到廁所，隨地上廁所又怕被流彈打到，會嚇到屁滾尿流。

賽後注意：大會「沒有」完賽紀念品，完賽獎牌要用買的，數量有限。

旅跑必試：打開鎖不回去的礦泉水、喝不醉的大同江啤酒、好吃到不行的泡菜（無真空包不能帶回台灣）、平壤美食三媽臭臭鍋升級版吃到飽，以及金正恩加持的人蔘香皂。

平壤國際馬拉松

平壤馬拉松原稱「國際萬景臺獎馬拉松賽」，是世界田徑總會（World Athletics，前身是國際田聯IAAF）的銅牌認證賽事。

賽事資訊
- 歷年舉辦時間：4月的第二個週日
- 賽事地點：平壤市金日成體育場
- 參賽條件：全馬限時4.5小時、半馬2.5小時、5km&10km 2小時（2023年規定）
- 賽事最大亮點：①跑在全世界最危險的國家賽道上，且禁止個人私下活動　②賽道沿途櫻花盛開　③賽道交管人員荷槍實彈　④路口指揮都是顏質超高的女神軍警

歌劇院×綠園道
路線指南

總距離：4km
總爬升：約11m

台中國家歌劇院廣場（0km）
↓
夏綠地綠園道（0.8km）
↓
新市政中心綠園道（1.3km）
↓
台中市政府廣場（1.6km）
↓
台中市議會廣場（3km）
↓
台中歌劇院（4km）

歌劇院——新市政中心
都會秘境輕鬆跑路線

帶路人：姚焱堯
挑戰度：★☆☆☆☆

離塵不離城，在都市中尋覓一方跑者得以親近的秘境。台中國家歌劇院及相鄰的新市政中心綠園道位於台中市最精華的七期重劃區，是台中著名的地標，周遭豪宅大樓林立，宛如一座壯觀的現代建築博物館。無論清晨時的安靜恬適、夜晚的燈光璀璨，都是適合台中都會區的跑者恣意揮灑的路線。

起終點便利寬廣　跑團熱門聚集地

台中國家歌劇院（以下簡稱歌劇院）及新市政中心都擁有開闊的廣場，方便跑者及跑團熱身、收操及進行馬克操等體能的操練。同時，無論選擇以歌劇院或新市政中心做為起點，都可享有此地的捷運、公車、停車、廁所、飲水機等便利性。因此，無論工作前的清晨或是忙碌一天後的夜晚，都能見到許多跑友或是跑團聚集在

此，輕鬆換上跑衣進行訓練。此外，七期重劃區的建築景觀特色，更是吸引跑者在此拍照、打卡的熱門地標。

人車分離綠蔭步道

　　歌劇院──新市政中心跑步路線一圈約4公里，全程只需跨越兩處紅綠燈，跑步的路線都在公園人行道或是廣場，人車分離，在都會區十分難能可貴。

　　路線可從歌劇院或新市政中心出發。以歌劇院出發為例，先繞行歌劇院院區1圈，再跨過惠來路，進入夏綠蒂綠園道；接著跨越惠中路進入新市政中心的綠園道，繞行市政府廣場一圈，再往另一方向遶行市議會廣場；最後再次跑經夏綠蒂綠園道，回到起點歌劇院。全程約半數路線有綠樹遮蔭，沿途也有公共廁所與超商，完全不用擔心上廁所或

- **氣候特色**：台中春、秋、冬三季氣候宜人，這條路線夜間有燈光照明，早晨或是夜晚都是訓練的好時機。夏季氣溫偏高，建議清晨或晚上練習，較不會有燠熱感
- **如何到達**：歌劇院及新市政中心地下室及外圍均有數量眾多的停車位；若搭乘台中市捷運或公車，可在附近站牌下車後步行幾分鐘即抵達
- **補給點**：歌劇院內及新市政中心地下室分別設有廁所、飲水機，並鄰近 7-11 超商

是補水的問題。

　　這段路線全程只有4公里，平坦無高低差，非常適合平日上班前、下班後的輕鬆跑和恢復跑練習。若跑友需要較長距離的練習，在此路線中的歌劇院外圍、市政中心廣場及綠園道多繞行幾圈，每圈約有800-1,500公尺距離，即使目標為10公里也很容易達成。

羅布森台中伴城路跑

暮春三月，江南草長，雜花生樹，群鶯亂飛，羅布森台中伴城路跑正舉辦在鳥語花香的三月。賽道設計行經台中市區多處景點，讓參賽選手飽覽沿途城市特色美景，賽道平坦，僅有小段緩坡，相當適合在歌劇院——新市政中心路線進行備賽的日常訓練。

訓練重點

羅布森台中伴城路跑途經台中中央公園、老樹公園、台中綠美圖、科湳愛琴橋、通山公園、橫山公園等景點。賽道平坦，沿途只有跨越科湳愛琴橋時有一小段爬坡，以及進入中科園區時的一段距離不長的緩上坡。在歌劇院——新市政中心路線上，無論輕鬆跑、節奏跑和間歇跑皆方便進行，只要平時練習量足夠，完成羅布森路跑賽的難度不高。

路跑經過外觀宛如豎琴的科湳愛琴橋
（照片來源：運動筆記）

比賽策略

比賽時應注意城市馬拉松的特性——彎道較多，且道路管制不易，也會有選手在途中被交管人員攔下等車輛通過的情況。如果想在此比賽中飆速，務必注意自身安全。

賽事分為半程馬拉松21公里、健跑組11公里，以及親子組5公里，而賽道難易度相當親民，是由產、官、學合作打造符合身障者參與的路跑場域。為的就是歡迎每一位熱愛跑步、喜歡旅行和徜徉城市的跑者，攜手相伴在這場旅程中，跑出屬於自己的故事。

羅布森伴城路跑 參春墩

這是一場跑在城市的公益賽事，從ESG出發，以低碳、友善、關懷為主軸的伴城路跑。賽事落實「蔬食環保—對環境友善」、「陪伴同樂—對弱勢的關心」、「陽光運動—對健康的關注」等公益目的。

賽事資訊

- 歷年舉辦時間：4月份
- 賽事地點：台中市中央公園
- 參賽條件：無，各組限時友善
- 賽事最大亮點：①物資以回收物料製作，全程蔬食補給　②符合身障者參與的路跑場域、提供600個免費名額供身障選手及陪跑者參加　③因為對環境保護與弱勢關懷的支持，羅布森伴城路跑獲得2023年《遠見ESG企業永續獎》ESG傑出方案樂齡友善組得獎肯定

模擬賽道 日本
神戶馬拉松

> 神戶是一座擁有美麗的大海和山脈的城市，神戶馬拉松參賽選手可以在舒適海風吹拂下奔跑。由於全馬路線平坦，難度不高，在歌劇院——新市政中心路線做訓練時，建議增加練習的圈數，累積較長距離的訓練量。

參賽選手可吹著海風欣賞神戶港

訓練重點

由於神戶馬提供國際標準成績認證及世界分齡成績排名，對於想拿到好成績的跑友，日常訓練可進行800-1,500公尺的長間歇練習，提升速度基礎。

神戶馬的全馬路線平坦，難度不高，一般市民跑者歌劇院——新市政中心路線做日常訓練就很足夠，唯要注意應進行較多圈數的練習，累積較長距離的訓練量；賽前也要有充足的LSD訓練，才能順利完成42公里挑戰。

比賽策略

對於志在參賽的跑者，建議不必過分追求成績，專注於充分感受神戶馬拉松的徐徐海風，保留一點體力，盡情享受海外馬的旅遊樂趣。

神戶是一個令人興奮的國際大都市，除了知名的神戶牛肉和日本清酒，作為日本早期的對外通商口岸，多樣的西洋甜點、時尚的歐式菜單、精美的異人館建築，以及熱鬧的中國城，東西方文化在此交會，可以發現這裡與其他日本城市的明顯差異。如同大會宣傳提到，到神戶不僅為了跑步，更是為了體驗這座神奇城市提供的所有奇妙事物。

神戶馬拉松

日本關西五大馬拉松賽事之一，也穫世界田徑協會的銀標認證，神戶馬的主題為「感謝與友誼（Thanks & Friendship）」，是對在阪神、淡路大地震時伸出援手的人們表示感謝之情。

賽事資訊

- 歷年舉辦時間：11月第三個星期日
- 賽事地點：日本神戶市神戶市役所
- 參賽條件：年滿18歲
- 賽事最大亮點：①賽道平坦易跑，是AIMS及Abott World Marathon Majors認證賽事，選手可以取得成績認證及世界分齡成績排名 ②11月神戶氣溫約8-16℃，有一半以上的賽道沿著海岸行進，是非常適合跑步的天氣和場地 ③神戶近郊的有馬溫泉是日本最富歷史風味的三大古湯之一，溫泉旅館及美食餐廳林立，適合賽後到此一遊

台中　#緩坡　#美景　#田園風光

中科園區台積電
森林系長跑路線

中科園區台積電
路線指南

總距離：16.6km
總爬升：約197m

中科水堀頭公園（0km）
↓
台積電晶圓15A廠（2.2km）
↓
中科實驗高級中學（5km）
↓
大雅中科公園（6.6km）
↓
台中都會公園（9.9km）
↓
東海大學（13.9km）
↓
中科水堀頭公園（16.6km）

帶路人：舒跑哥
挑戰度：★★☆☆☆

仟陌棋盤夾雜著樹蔭林立的中科園區，沒有過多起伏坡道，一眼到底直通通的馬路兩旁矗立著科技廠，雖稍微枯燥乏味但好跑。唯一的坡阻在往都會公園的都會園路，但左右逢源，可盡賞大雪山脈的山景及台中港的海線美景，百看不厭。

起終點揪跑集結點

此路線的起終點都在中科水堀頭公園，園區入口都有專屬停車場，既好停車又有廁所，且樹蔭林立，還可以靜靜躺在大草原區，享受無我的境界，很適合作為揪跑的集合點。

中科園區最佳綠蔭跑道

該路線相當好跑，只有少數小緩坡。在中科園區有許多隱藏版的小徑，如果不拚速度，跑進綠蔭小徑，可

居高臨下遠眺鄰近的稻田與農作物。延著科雅西路前進，可以順道朝聖中科台積電晶圓廠，但也不是非它莫屬，畢竟中科園區還有很多大廠可以感受科技人的氛圍。

出了科技園區，經中科實驗高中後，不久就進入大雅中科公園，這裡是潭雅神綠園道的終點，不妨繞一繞，幸運也許會發現小麥的蹤影。

黑森林秘境探幽

帶著愉快的心情往都會公園前進，當轉進入都會園路（中75線），可以先往路線的反方向九天黑森林探險也探幽，黑森林是在地秘境，沿路有碉堡、番薯園、九尾草（相信你應該沒看過，轉大人用的）及鳳梨園歡迎你的來訪，累了可在清泉路上的九天民俗技藝團場址小憩補給。

跑回路線上，延都會園路將經過一段緩坡爬升。路線的最後6公里行經台中都會公園及東海大學，兩處都相當適合練跑，其中都會公園有起伏不一的山徑或腳踏車道，稍有挑戰；東海大學則多數為平地，飲水與廁所充足，相當適合速度訓練。更詳細介紹請見本書「忘憂谷高美濕地逍遙遊」路線。

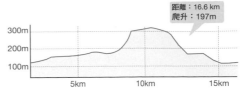

距離：16.6 km
爬升：197m

- **氣候特色**：春秋季節約 18-25℃、夏季約 32℃
- **如何到達**：開車或騎車自台灣大道或西屯路轉福林路，往中科方向即有指標
- **補給點**：路線上沒有大補給站，可找尋檳榔攤，都會公園有自動販賣機、水可飲用

模擬賽道 台灣

跑步環島——用兩隻腳凸全台灣

「千里之行，始於足下」，多少人有勇氣挑戰用跑步方式環島？這是一場長達29天、1,063公里的長跑，除了體力，更徹底挑戰心理的韌性。環島行經的路面大多與一般路跑賽道相同，所以訓練時，可視身體狀況繞行多圈稍有起伏的公路，像東海校園或是台中都會公園內的森林步道，練起來既方便又有效。若時間充裕，跑一趟前頁推薦的「中科園區台積電森林系長跑路線」也相當適合。

來自上海的學生體驗台灣花東最神秘的美景，用單車挑戰一場小環島之旅

訓練重點

規劃環島的前半年，以筆者經驗會每週參加國內馬拉松賽事，以賽代訓。因為跑步環島的路線通常是一般公路，與路跑和馬拉松賽路線相似。自主訓練可利用東海校園、台中都會公園內的森林步道練習，園內路面上下坡起伏不一，對耐力及抗壓力很有幫助。

在體力上能靠日常練習加強，但訓練對身心理造成的壓力，倒是要自己想辦法紓解，因為跑步環島的事前準備中，吃喝拉撒睡都要有計畫及推演。建議準備期就找有經驗和專業知識的對象討論，或尋求可支援的朋友幫忙。

環島策略

人生一定要做一件永遠能說嘴懷念的事，因此在1,063公里漫漫長路上，即便跑到想放棄仍無法放棄，有一股力量牽絆並引領著腳步向前，步步讓人刻苦銘心。在此分享環島前、中、後的經驗，希望透過身心雙重加持，能強化挑戰者的跑者之魂，同時無傷完賽。

Start 宣誓：這是一場自我挑戰身心靈的多日長距離跑步，核心理念要具備為何要跑？為誰而跑？的原因。

Step1 借力使力：跨出第一步的決心與毅力，也需要一股外在力量支撐自己。決定環島後，筆者選擇重回初馬地點——金門，向戰地金門的守護神風獅爺祈求力量，助攻接下來的環島旅程。

Step2 路線規劃：可用Goole map試算每日休息站點的距離，盡量不超過一個全馬，早上6:00起跑車流較少且空氣

較佳，約6-7小時抵搭達住宿點。如果沿途有補給車尾隨，安全會更有保障。路段選擇上，許多人建議避開蘇花公路，但筆者認為只要安全許可，蘇花段相當值得朝聖，路上每一段都有令人驚奇的樣貌。即便曾開車經過蘇花多次，雙腳跑過與開車暫停欣賞的景致，「見山非山、見水非水」的感受度完全不同。

Step3 飲食：環島途中一定要補充高蛋白等補給品。因為每天不間斷跑步，讓身體能量快速流失，體態可能瘦到比難民還像難民，能量消耗殆盡時將往肝臟、心臟等消耗，可能導致免疫力下降，引來感冒、發高燒等症狀。

Step4 修復：每日跑完一定要冰敷雙腳，避免腫大；睡眠要夠且盡量婉拒跑友的晚宴盛情款待，專注於環島較好。

陪跑者的迷失

當一位持續每天跑的環島跑者曝光環島訊息，幾乎各縣市都會有跑團或跑友來陪跑，讓人每天都不敢延遲起跑時間，因為陪跑者會很早出現在起跑點。這些熱情的跑友通常跑速很快，環島跑者容易全心跟車而沒有控速，導致「爆掉」。這種情況保證受傷，是大忌。

Step5 享受孤獨意志力：在進入恆春後往台東、花蓮，多數時間陪伴自己的只有自己的影子。當體力耗盡，挫折和無助感就會不斷出現，此時最容易想放棄。解套方式就是自我對話，把自己帶回自己的初心吧！

跑步環島──用兩隻腳凸全台灣

- 時間：筆者選擇2月春節年假期間
- 地點：筆者環金門＋台灣共1,063km（29天完成）。若是環台，「環島1號線」全長939.5km（小環島）；環台灣最外圍公路約1,200km（大環島）
- 參加條件：至少有連日全馬或超馬的實力，月跑量超過300km
- 最大亮點：①心理素質強化、生理（身體）升天重生　②感受到鄉鎮之美，台灣濃濃的人情味　③隨心所欲不受控制，就像是一個人的武林　④品嘗各地美食、名店名物

Step6 終點後之戰：筆者非專業跑者，在抵達終點完成環島後，除了爆瘦還會出現以下狀況： 因兩隻腳骨腫脹、撕裂受傷，使跑步姿勢變異，導致身體習慣歪斜，事後需要整骨治療，在環島後修復約6個月才恢復跑全馬。

佛光57
路線指南

總距離：騎57km＋跑19km
總爬升：約264m

佛光山佛陀紀念館（0km）
↓
義大遊樂世界（9km）
↓
樹德科技大學（16km）
↓
嶺口坡（25km）
↓
旗山麥當勞（39km）
↓
佛光山佛陀紀念館（57km）

 高雄　#緩坡　#停車方便　#補給友善

佛光 57 佛系巡航

帶路人：郭修森
挑戰度：★★★☆☆

此路線的高低起伏不會太大，加上巡航的主要幹道寬闊、交叉路口少，且沿途有不少超商可補給，非常適合初中階單車騎士鍛鍊個人的平路巡航能力。

起終點文化殿堂　4輪2輪都方便

　　佛光山佛陀紀念館是一座融合古今與中外、傳統與現代的建築，具有文化與教育的功能，內部設有大學、美術館、紀念館，以及36公尺高的釋迦牟尼佛坐像。該館的興建是希望透過供奉代表佛陀威德、智慧的法身舍利，讓人們能開發自己的佛性。※有了起點的加持，「佛光57」路線相當適合追求穩定的佛系車友。

- 氣候特色：溫暖
- 如何到達：自行開車自國道 10 號往旗山方向，接台 29 線道，下交流道後右轉前行約 6km 即可抵達
- 補給點：1. 全家便利商店大樹虹荔店（4km）、7-11 高應大門市（19km）、旗山麥當勞

距離：57km
爬升：約 264m

另一方面，佛陀紀念館門口外以及內部都有規模龐大的停車場，就算車隊集體邀約在這做團練的出發點，也不怕遇到汽車沒位可停的窘境，這對習慣4輪加2輪的騎士們，可以省去不少的擔心。

鍛鍊穩定巡航、個人獨推能力

在「佛光57」路線上可練習個人的穩定巡航騎行。從起點出發，可先沿著擎天神路繞行佛陀紀念館園區一圈，遍覽佛教建築之美；接著行經台29線往南義大世界方向。路線中段回到台29線之後，有 段長達30公里的丘陵地段，筆者通常會在這邊做15-20分鐘，FTP Zone3-Zone4的個人計時，搭配5分鐘的休息時間（執行2-3組），以鍛鍊個人獨推能力。

補給友善 轉換跑練緩上坡

這樣短短一圈57公里的路線，前、中、後段都會經過多個休息點，算是一條對補給相當友善的路線，車友們可以在這些補給點稍作休息，補水、上廁所後再繼續騎行。如果回到終點後想練轉換跑，從佛陀紀念館跑到義大世界摩天輪有9公里距離，而全家大樹虹荔店剛好在這段路的中間點（約5公里處），加上接近義大世界時緩上的坡度，在累積基礎有氧能力的同時還能強化下肢肌力，推薦給大家。

※資料來源：佛光山佛陀紀念館官網

模擬賽道 台灣
LAVA TRI 玩賽樂園

玩賽樂園終點前民眾熱情加油，熱鬧非凡
（照片來源：LAVA 台灣鐵人三項公司）

游泳開放非動力輔具、半夜1點前回到終點就算完賽……玩賽樂園號稱台灣史上最放鬆的鐵人賽事也不為過！舉辦於台東的鐵人賽單車項目都是在台11海岸線上，而「佛光57」緩坡的丘陵地形，不論是平路或上下坡都可模擬台11線騎乘時的各種狀態；路線前段9公里也很適合練習比賽時的轉換跑。

訓練重點

LAVA TRI 玩賽樂園單車項目奔馳在台11海岸線上，佛光57路線不論是平路的巡航維持、上坡變速節奏或是下坡的穩定加速，都可以模擬台11海岸線騎乘時的各種狀態。轉換跑步訓練如前頁所述，從佛陀紀念館跑到義大世界摩天輪9公里，透過緩上坡強化下肢肌力，並累積基礎有氧能力。

比賽策略

保持著一顆最放鬆的心情來享受這場嘉年華！游泳項目因為較沒有時間壓力，若不害怕開放水域且能力尚可的選手，建議避開人群游靠湖的中間，就算多繞遠一點也無妨，可避免受其他人影響（拉扯、卡位）。對於游泳能力尚不足，但想體驗鐵人氣氛的愛好者們，

賽制開放非動力輔具是一大福音，不論是蛙鞋、滑手板甚至獨角獸泳圈皆可登場！切記，在這場玩賽樂園中「安全」上岸，比「快速」上岸來的重要。

單車項目不論是90公里的113選手，或是180公里的226選手，吃飽喝足是一定要的！既然不趕時間，停留在補給站慢慢享受歡樂的運動氛圍，並能在安全的狀態下補給，何樂而不為。

LAVA TRI 玩賽樂園

台灣史上最放鬆的鐵人賽事。各組別在半夜1點前回終點皆算完賽，沒關門壓力的賽制讓初階選手放心參賽。夜幕降臨後的賽事音樂會是一大亮點，草皮上擠滿完賽的選手與親友，喝啤酒、聽藝人和樂團演唱，Chill同時也幫賽道上持續奮鬥的226選手加油，現場十分熱鬧。

賽事資訊
- 歷年舉辦時間：3月初
- 賽事地點：台東活水湖
- 參賽條件：一般民眾
- 賽事最大亮點：①無關門的競賽時間　②最輕鬆的鐵人賽事　③Beer Mile啤酒路跑賽　④邊比賽邊聽歌手演唱會

石垣島鐵人三項賽

> 石垣島是沖繩縣內第三大島，島上盛產石垣島牛，是台灣人旅遊的熱門地點。石垣島鐵人賽道濱臨海港，因此最困難的關卡是「側風」；在「佛光57」台29線上，同方向且長時段的順逆風狀態，有助於讓身體適應各種不同風向。

訓練重點

石垣島的游泳賽段在沒有死鹹味、能見度高的海水中進行，漫游在此是鐵人的一大享受。不過要注意，在開放水域游泳時抬頭定位技術固然重要，但別忽略了「穩定的游泳動作」才是減少偏移的重要關鍵。建議練習時透過分解技術，如單邊側踢（軀幹穩定）、轉體換氣（水中核心發力）、手等手（入水點穩定），多加強基本動作。

單車賽道有不少路段是筆直寬敞的沿海公路，「佛光57」超過30公里的台29線道同樣寬敞筆直，訓練時汽車呼嘯而過帶來的風壓，能觸發身體的本體反應來應對突如其來的側風，如此同方向長時間面臨順風和逆風，可幫助身體適應各種不同風向的狀態。

比賽策略

比賽最困難的是海島地形帶來的側風，當騎經風向不定的跨海大橋，須時刻緊握把手並將重心放低，以免被突如其來的海風給吹翻。

游泳項目繞行750公尺賽道2圈，在自由式換氣時，應隨時注意自身與浮球的相對位置，以減少抬頭定位的頻率，並避免洋流將路線帶偏。

石垣島鐵人三項賽

賽事距離為標鐵51.5km，選手可暢游世界上最透明的海水、奔跑在沖繩縣最高山於茂登岳，體驗熱帶城市的街道。

賽事資訊
- 歷年舉辦時間：每年4月初
- 賽事地點：石垣市派努濱人工海灘
- 參賽條件：累計限時4小時45分
- 賽事最大亮點：①絕佳自然環境 ②全賽道熱情的加油民眾 ③運動旅遊好地方

石垣島鐵人賽的單車賽道經跨海大橋
（照片來源：賽事官網）

二寮觀日坡
路線指南

總距離：來回3.6km
總爬升：約96m

左鎮區公館社區發展協會
（0km）
↓
台南二寮觀日亭
（1.8km）
↓
左鎮區公館社區發展協會
（3.6km）

二寮觀日
短坡衝刺間歇路線

帶路人：何航順
挑戰度：★★★★☆

二寮山壯美的低海拔雲海，是攝影界流傳的聖地。在二寮山觀日出，被譽為「最接近城市的曙光」；對執著於鐵人二項訓練的朋友，則是渾然天成的爬坡間歇路線。有規劃間歇課表的人可安排一天來此，無論跑步或騎車都相當適合。

　　位於西拉雅國家風景區的二寮觀日景觀平台可容納千人，周邊設置安全的停車場與乾淨的盥洗室。在此練上坡跑的落地衝擊較小，能有效達到最大攝氧量間歇訓練的強度。避開日出朝聖，趁車流較少的時段可在陡坡檢視與強化站姿抽車技巧。如果是團練約騎更佳，因為看著別人更痛苦，你會發自內心地更快樂！

進階的跑步訓練

　　把間歇課表從田徑跑道，轉移陣地到二寮觀日亭的短坡道上。跑步上坡相對於下坡，上坡跑的落地衝擊較小，且更能鍛鍊到髖屈肌與足底肌群。在短坡上跑步，可設定一個清楚的目的「刺激最大攝氧量的強

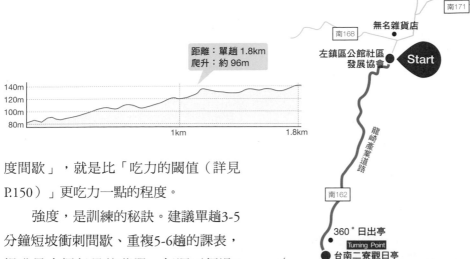

度間歇」，就是比「吃力的閾值（詳見P.150）」更吃力一點的程度。

強度，是訓練的秘訣。建議單趟3-5分鐘短坡衝刺間歇、重複5-6趟的課表，提升最大攝氧量的菜單，每週不超過2次。二寮坡道沿路枝葉扶疏，部分路段跑在樹蔭下，若想多練幾趟，記得保留一點餘裕。

進階的單車訓練

二寮的2公里短坡適合反覆爬坡訓練。用均速爬長坡是以強化有氧能量系統為主，但比賽節奏有快有慢，強度有時會突然拉高，這需要幾種不同的訓練課程。訓練關鍵之一是找一個可以持續重覆數次的強度，單趟5-6分鐘，坡度平均4%-5%，上坡過程起伏較大，可增加訓練的困難度。以上路線重複5-6趟，每趟之間緩和休息5-15分鐘，讓心跳與呼吸穩定但不急促，體力旺盛的朋友則可多訓練幾趟。

同時，運用二寮短坡可熟悉3種站立踩踏（抽車技巧）：①拉高迴轉的穩速、②加重檔位的體重移轉、③運用全身的進攻加速。其中②可以檢視基本抽車動作的紮實度：從坐墊稍微提起

臀部，且重心不偏離自行車的中間，左右擺動車子的當下，體重順勢移轉到對側，以強而有力的踩踏完成加重檔位的體重移轉。

短坡更適合團練間歇

在這條單程僅1.8公里的路線團練，可跟隊友約定在60-90分鐘內，平均上坡騎4-5趟。好處是不會被落後的隊友影響到自己的有效間歇訓練時間，可獲得最大的訓練效益；時間到了，團隊可以在二寮觀日亭重新集合。間歇訓練相當痛苦，但看著別人更痛苦，相信你會得到快樂。

- **氣候特色**：左鎮月世界的特殊地質景觀，在每年 4-9 月水氣增多，均溫 25℃以上，是低海拔日出的景點
- **如何到達**：開車或騎車前往二寮觀日亭停車場
- **補給點**：無名雜貨店（岡林唯一一間，台南市左鎮區岡林 43 號）

模擬賽道　日本

Mt.FUJI Hill Climb 富士山爬坡賽

> 日本第一高峰富士山3,776公尺。Mt.FUJI Hill Climb是日本規模最大的單車爬坡賽，選手們可在世界文化遺產富士山迎著風，以單車的速度欣賞自然美景，更挑戰自己爬坡的實力。在二寮觀日練爬坡反覆間歇，將能更適應富士山短陡坡的速度維持與踩踏轉換技巧。

富士山爬坡賽自富士北麓公園出發

訓練重點

富士山爬坡賽的爬坡計時距離為25公里，專業選手大約1小時左右可完成。爬坡選手均擁有精實的肌肉、低體脂肪。將均衡飲食融入日常生活，另外訓練重點應聚焦在1小時的爬坡訓練，著重於強化爬坡的技巧與能力。

每週訓練時數不宜過長，也不需要超過2小時武嶺那樣的超長坡。賽前建議每週練2次玉門關丘陵地形，再加上每週1次在二寮觀日的爬坡反覆。玉門關練的是富士山賽1個多小時平均坡度5.2%所需的肌肉力量與耐力；二寮觀日短間歇練的是，在富士山賽短陡坡近8%的速度

維持與踩踏轉換技巧，透過爬坡反覆間歇，適應比賽集團出發的節奏。

比賽策略

賽道路線總長25公里、垂直爬升1,275公尺、平均坡度5.2%、最大坡度7.8%。近年富士山賽的冠軍選手均在1小時內完成，平均是1小時49分內完賽，而賽事限時為2小時50分鐘。

出發採用分批起跑。因此比賽策略有三：

1. 維持穩定的迴轉與配速，是順暢完賽的關鍵。
2. 交互使用坐姿與站立踩踏等騎乘技巧，維持速度的穩定。簡單來說，就是在速度減下來之前先轉換成站立踩踏，維持住速度。
3. 走外側坡度平緩路線。上坡過彎選擇外側坡度較為平緩的路線，能維持迴轉與配速；若選擇中內側，路線距離雖短但坡度較陡，需加大功率輸出，較為吃力。

終點是標高2,305公尺的五合目停車場，抵達後迅速吃完補給品，接著下坡需穿著自備的防風與保暖衣物，並注意速度控制。大會有提供登頂成功衣保袋，供選手於出發前寄物、在終點領取，非常貼心。

上：在各賽段都能欣賞富士山美景
下方左右：賽道全程至終點五合目停車場前為24km

富士山爬坡賽

賽道自富士北麓公園出發，沿著速霸陸公路至吉田口五合目停車場，標高2,305m。

賽事資訊

- 歷年舉辦時間：6月第一個週日
- 賽事地點：日本山梨縣富士吉田市
- 參賽條件：12歲以上健康男女，參賽車種有技術規格標準
- 賽事最大亮點：①富士山的自然景觀名列世界文化遺產　②周邊與山腳下的河口湖有豐富的文化與觀光資源　③有巴士直上終點，登頂成功後，適合與親友一起進行身心靈的冒險，深入日本的精神生活

巡遊愛河畔

帶路人：郭修森
挑戰度：★★☆☆☆

愛河畔 路線指南

總距離：來回10 km
總爬升：約21m

丸鐵運動（0km）
↓
願景橋（100m）
↓
家樂福 愛河店（2km）
↓
愛河愛之船（3.3km）
↓
高雄流行音樂中心（4.2km）
↓
駁二藝術特區（大港橋）（5km）
↓
丸鐵運動（10km）

> 愛河經近幾年高雄市政府整治後，環境早已不像長輩們口中相傳的髒亂。河畔林立著許多代表性的重要建設，河中的水上活動也成為市民們夏天消暑的好去處，跑者在此能體驗如同在國外運河畔跑步的享受。

起終點鐵人場館　全面照顧多項運動需求

　　起終點設在位於中都濕地的鐵人三項運動場館——丸鐵運動。館內設有3道25公尺溫水游泳池、兩座Endless Pool無邊際泳池、能同時容納20位的單車功率訓練教室，以及多功能運動教室、重量訓練區域、運動按摩室等。而教練團結合現役與退役選手，提供從2歲兒童游泳到80歲樂齡運動等專業課程，堪稱台灣中南部最全面的鐵人三項運動場館。即便沒有付費使用設施或課程，跑者和車友也能將此設為出發基地，除了周邊停車方便，館內更提供寄物、化妝室、補水等免費服務，運動結束還可以在內部空間收操伸展，是個對運動者相當友善的空間。

穿梭各種路面的法特雷克跑

　　有別於一般操場的跑步鍛鍊，「巡遊愛河畔」路線屬於城市街跑，其中上上下下的地形與不斷變向的路徑，相當適合執行「法特雷克跑[※]」，可鍛鍊不同面向的跑步肌群。所以在這條路線上，可以不按既定路線地穿梭在各區草地、水泥之間。

　　巡遊愛河畔的前半段自行車道路面平整，熱身後，筆者通常在這段會做T配速（乳酸閾值的強度）加上 E配速（有氧跑）的組合。例：600公尺T Pace + 1分鐘E Pace x 3趟。通過2.4公里處星巴克後，路段開始沿著愛河畔前行，會有較多紅燈、草地以及台階等不規律障礙，這時可隨心所欲按照體感來做有氧跑。

練跑是為了吃更多美食

　　途中經過家樂福的1樓有星巴克愛河門市（起點出發約2.4公里處），跑友們可以在這邊上廁所，回程時也可進店裡享受一杯咖啡的悠閒時光。而鄰近丸鐵運動500公尺的距離，有一間筆者強力推薦的高雄美食品牌「永心鳳茶」，是主打台式簡餐、台灣精選茶飲和手工甜點的餐廳，不只餐點平價好吃，復古風的室內裝潢更是一處網美打卡景點。

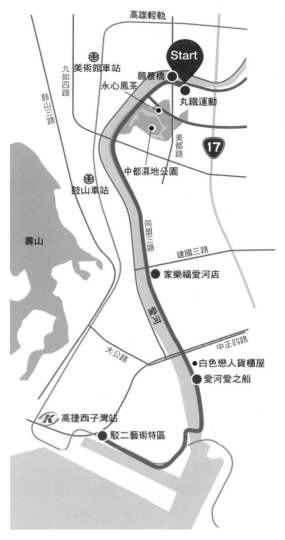

- **氣候特色**：溫暖
- **如何到達**：自行開車自國道 10 號往西方向到底下中華路，順著中華路直行約 5km，碰到同盟路右轉後，前向約 500m 再左轉美都路，即在左手邊
- **補給點**：家樂福愛河店、白色戀人貨櫃屋咖啡廳、二藝術特區

※法特雷克跑（Fartlek）：起源於瑞典的一種跑步訓練方法。以快跑、慢跑、變速跑等不同強度的組合搭配而成。可用「時間」或「距離」為組合的單位。

模擬賽道 台灣
愛河國際鐵人三項競賽

愛河鐵人賽選手出發

> 全台唯一的「城市鐵人賽」，單車項目採用繞圈競賽，跑步項目在愛河畔繞行10公里。而「巡遊愛河畔」的訓練路線正與跑步賽段重疊，並且會遇到賽道中兩段約15階的階梯，可在賽前多來此練習，避免比賽時滑倒。

訓練重點

游泳：增加上肢力量，以對抗愛河游泳回程時的逆流！在游泳池透過划手板輔助訓練十分有效。另透過Endless Pool無邊際泳池，可模擬逆流而上的環境，幫助提前適應。此機器在台北、台中，及高雄「丸鐵運動」皆有設置。

騎車：愛河賽道擁擠，賽前訓練建議加強集團控車能力。例如：個人角錐繞行、集團等速輪車、團隊相互輪車等技能，以避免摔車意外。賽道不斷迴轉與過彎，平時可透過10秒左右的爆發力訓練課表，來強化瞬間加速的能力。

跑步：建議增加下肢肌力的鍛練，例如重量訓練或山路跑，以應付自行車項目不斷間歇後累積的肌肉疲勞。

比賽策略

游泳：愛河有順逆流速差，建議在前750公尺游在河道中間，將順流力量發

愛河國際鐵人三項競賽

賽事距離為標鐵51.5km，最大特色是自行車採繞圈競賽的方式繞行5圈，每圈十幾個轉彎，十分考驗選手的間歇加速能力，現場緊張刺激的氛圍牽動著眾人的腎上腺素！

賽事資訊
- 歷年舉辦時間：3月初
- 賽事地點：高雄愛河
- 參賽條件：具備一定的控車能力，並依規定騎彎把公路車或計時車參賽
- 賽事最大亮點：①台灣唯一城市鐵人賽　②每年度第一場鐵人賽　③可暢遊愛河　④自行車技術要求高　⑤繞行愛河畔，加油團可多次碰面

揮到最大。回程應盡量靠岸，利用岸邊的不規則障礙將逆流力量降至最小。

騎車：賽事比照國際菁英組模式開放輪車，所以選擇適當速度的集團前進會是一個不錯的策略。

跑步：繞行愛河畔會遇到兩個約15階的階梯，而「巡遊愛河畔」路線也會跑經。建議賽前來此多練習，避免滑倒，並在上下樓梯前將節奏轉變成快走，以避免肌肉急速切換強度造成抽筋現象。

模擬賽道 中國大陸
常熟尚湖鐵人三項賽

> 舉辦於江蘇省尚湖風景區，自行車繞行尚湖，跑步也在綠蔭盎然的環湖道路，空靈的湖光山色讓人忘了自己在競賽！尚湖跑步賽道的地形與不斷冷熱交替的環境，與「巡遊愛河畔」狀況雷同，多在愛河畔訓練可幫助身體及早適應。

訓練重點

游泳：多參加團體開放海域訓練，因應游泳開賽時的大亂鬥。另建議練習水中睜眼，可避免泳鏡進水時慌張停下，降低被後方選手輾過吃水的風險。

騎車：尚湖賽道偏向高速巡航賽道，所以個人計時賽（ITT）的能力極為重要，建議將6-12分鐘的能力列為備賽的重點提升項目。

跑步：「巡遊愛河畔」路線會經過大量的涵洞、建築等陰影處，跟尚湖跑步賽段不斷遇到冷熱交替的狀態雷同，多在愛河訓練可以幫助身體及早適應。此外，準備期可透過訓練資料的統計，大致算出51.5競賽強度所需的熱量，以便規劃比賽時熱量流失的補給策略。

比賽策略

游泳：尚湖賽制為全部選手同時放行，建議下水後待在集團右邊（外側），減少拳打腳踢的機率。湖面遮蔽物少，太陽光反射可能造成定位視線不佳，建議多帶一副深色泳鏡備用。

騎車：樹陰下的路面多青苔，若不

常熟尚湖鐵人三項賽

賽事對各程度的鐵人愛好者相當友善，除了標鐵51.5km，也有半程25.75km、標鐵接力、游跑兩項，以及泳渡1.5km等組別。

賽事資訊

- 歷年舉辦時間：5-6月
- 賽事地點：江蘇省常熟市虞山尚湖風景區
- 參賽條件：年齡限16歲以上
- 賽事最大亮點：①中國鐵人俱樂部聯賽之一　②可與在地台灣人組織的鐵人俱樂部交流　③自然環境清幽，比賽過程是一大享受　④賽前賽後的氛圍宛如嘉年華會

尚湖鐵人賽游泳湖面一景

幸輾壓恐造成失控打滑，建議在過彎前觀察路面狀況，提早降速避免意外。

跑步：賽道樹陰成群，日照下與陰影下溫差大，盡量避免淋濕身體，以杜絕能量流失速率過快。

133

陸軍官校鳳凰山
越野跑路線

帶路人：王千由
挑戰度：★★☆☆☆

鳳凰山
路線指南

總距離：2km
總爬升：約73m

鳳凰山步道入口（0km）
↓
官校訓練場（0.4km）
↓
好漢坡（0.8km）
↓
中油廁所（1.5km）
↓
野戰教室（1.7km）
↓
鳳凰山步道入口處（2km）

鳳凰山是鳳山的後花園，也是筆者在越野領域的秘密搖籃！原名雞母山，位於高雄市鳳山區與大寮區交界。整座山頭為鳳山陸軍官校的用地，近年來由於社會風氣趨於開放，軍方也開放部分地區供民眾親山健行，住南高雄的野跑朋友們不妨來試試。

四通八達的綜合型路面　從 2km 基本路線開練

　　在陸軍官校軍區內，鳳凰山山區腹地廣大，是由好幾個小土丘連接而成，區內步道錯綜複雜，沿著最外圍的方形水泥步道可繞行一圈約5-6公里，中間有約20條分歧的步道，總和多達10餘公里，因此，建議首次拜訪的朋友行走此步道的前半圈即可，也就是本文推薦的2公里路線。

　　此路線的路面屬於綜合型，由柏油、水泥、石梯、沙地、樹葉土路混合而成，不同的路面對於雙腳的控制

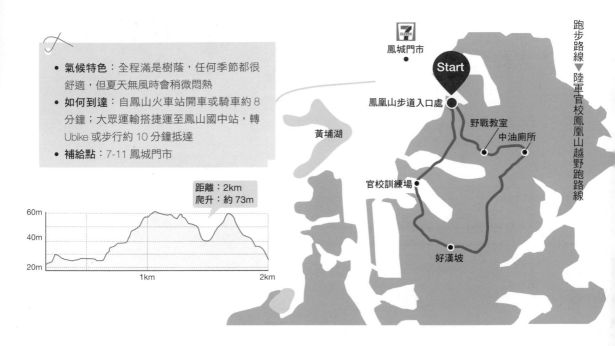

- **氣候特色**：全程滿是樹蔭，任何季節都很舒適，但夏天無風時會稍微悶熱
- **如何到達**：自鳳山火車站開車或騎車約 8 分鐘；大眾運輸搭捷運至鳳山國中站，轉 Ubike 或步行約 10 分鐘抵達
- **補給點**：7-11 鳳城門市

距離：2km
爬升：約 73m

7-ELEVEN 鳳城門市

Start

鳳凰山步道入口處
野戰教室
中油廁所
黃埔湖
官校訓練場
好漢坡

及雙眼評估路面的能力有一定要求。速度越快，代表你的眼睛要動得更快、看得更遠，考驗跑者的選線能力，踩點步步都是關鍵。

　　若有一定的體能，且熟悉鳳凰山基本路線後，可以進一步探索其中四通八達的小路，有很野的叢林小路、也有平易近人的步道，可自行搭配組合出適合你的訓練路線。

結合訓練、踏青、古蹟、美食的家庭旅遊寶地

　　無論你從任何地方來到鳳凰山訓練，建議可以帶著全家人一起前來，這裡地勢起伏多、路線複雜多變，訓練和散步踏青都非常適合。尤其因為鳳凰山是陸軍官校軍區的一部分，有時會遇見

阿兵哥們正努力操練，不時有實彈射擊震耳欲聾，讓同為運動人的你和家人也跟著燃起一股奮鬥的精神。

　　鳳凰山周遭的美食與古蹟也是吸引全家大小一起來的關鍵。鄰近的黃埔新村是台灣第一代眷村，占地規模大，空間和文化都保存完整，建築型態與風貌具多樣性，村內植栽生態豐富，是台灣少數完整留存的日治時期軍事宿舍群。而現在黃埔新村更有民宿、背包客棧、各類新創工作室和商店進駐，以全新樣貌延續著老故事。

　　鳳山是個充滿歷史古蹟、小吃美食的城鎮，身為鳳山在地人，覺得生活在這真是太幸福了。和家人一起規劃一趟結合訓練、踏青、古蹟、美食的鳳山之旅吧！

賽道經溪流小徑，雙腳踩進冰涼溪水，讓人回憶起兒時玩樂時光

模擬賽道 台灣
虎豹雙棲越野挑戰賽

所謂「雙棲」正是代表水陸兼具。賽事選擇在大台北最美麗的花園「雙溪區」，賽道結合古道與山徑，有超過8成的越野路徑，不只是山林越野，更有小溪河流路段。在鳳凰山先以2公里基本路線建立越野跑的熟悉度，接著就可以在山中尋找各種地形，訓練踩點等反應和協調能力。

訓練重點

越野跑除了需要最基礎的跑步體能以外，最重要的是訓練全身與眼睛的協調能力。在熟悉鳳凰山基本路線後，可選擇一段下坡路段，可以是沙地、滾石、黃土、樹枝路面，第一次先以走路方式審視路面可選擇的踩點，第二次以慢跑方式讓雙腳踩在第一次選好的點上，重複訓練幾趟、確認踩點。建議加一些速度來刺激反應力，來訓練雙眼及身體的協調。

比賽策略

6月在新北的天氣相對比南部悶熱許多，比賽除了最基本的補水之外，體能分配也相當重要。尤其越野跑過程中，汗水的流失遠比公路跑多很多，最重要的電解質補充必不可少。

首次參加的新手一出發可以稍慢一些，遇見長上坡用快走方式，注意必須邊走邊調整呼吸。在活動的緊張氛圍下，呼吸會比日常練習時更加急促，呼吸調順才不會自亂陣腳，並且定時補充水分與補給品，好好享受賽事的當下！

虎豹雙棲越野挑戰賽

雙溪區保留最原始的山貌，沒有過多開發，只有豐富的山林植物與清澈的溪流。賽事結合古道與山徑，有超過8成的越野路徑，更有小溪可以玩水，讓你盡情享受水陸雙棲新體驗。

賽事資訊
- 歷年舉辦時間：每年6月初
- 賽事地點：新北市雙溪區柑林國小
- 參賽條件：具備一次能跑至少5km的能力，還有一顆喜歡大自然的心
- 賽事最大亮點：①路段中有許多溪潭，不只越野跑還可以玩水　②不同距離組別供選擇賽事難度　③全賽道皆越野路段，可見雙溪區原始山貌

模擬賽道 日本
忍者越野跑 NINJA TRAIL RUN

人稱「忍者市」的伊賀市，為日本伊賀流忍者文化發源地，參賽者可以盡情穿梭在過去忍者們訓練的伊賀山想像自己飛簷走壁。賽事分組距離讓野跑菜鳥也能挑戰，備賽期可在鳳凰山多練幾圈，訓練基礎體能同時練習運用登山杖。

訓練重點

參加短程組22公里的越野跑菜鳥，可在鳳凰山先練習路線3圈，作為基礎體能訓練，依照能力逐漸增加圈數，並搭配正確的補給，增加整體續航力。

參加長程組的老鳥除了要具備基本體能搭配對的補給時機，還需要一只可輸入GPX檔案的運動手錶，並練習透過手錶尋找正確路線。從較基礎的鳳凰山開始練習，建議第一次在不熟悉的路線除了要戴錶，也要有熟門熟路的友人帶領才不會迷路。

賽道行經陡峭的爬升和長下坡，建議準備一組登山杖，在鳳凰山練習如何使用。有登山杖的輔助，可將力量平均分攤在四肢，當你從雙足動物變成四足動物，能減少爬坡對雙腳與腰的負擔，省下力氣延續運動表現。

比賽策略

長、短程路線一開賽前5公里都進入陡峭的爬升，此時可以拿出登山杖穩定地爬山前進，邊調整呼吸邊看風景，保留體力；下坡則視自身體能慢慢加速。

短程賽道地形較平緩且路標完善，初學者可以安心參加；長程賽道有兩大段陡峭爬升，需要體力與技術兼備，賽前應多加強越野跑經驗。

忍者越野跑

賽事分為短程組22km、長程組48km，以及IGAGOE（2人組）50km。比賽中特別的是埼京山和靈山景色，以及波光粼粼的田代池，賽道上會有許多「忍者」出現，被忍者拿（玩具）刀砍也是難免的，另有小關卡及小忍者表演，讓選手過足忍者癮，十足落實了「認真玩、認真享受」的大會核心宗旨。

賽事資訊

- 歷年舉辦時間：11月
- 賽事地點：日本三重縣伊賀市大山田
- 參賽條件：短程需具備一次跑至少10km的能力；長程或IGAGOE，須提供近5年內完成30km以上的越野賽事證明
- 賽事最大亮點：①忍者的故鄉，賽道中有滿滿的歷史遺跡　②初階、高階挑戰皆有　③設有家庭組別適合全家人同遊　④離大阪、名古屋僅約1小時車程

玉門關環狀線
路線指南

總距離：騎78km
總爬升：約768m

↓

新化國小（新0km）

↓

（台20線全長約24km）

↓

玉井區農會超市（玉24.2km）

↓

（台3線全長約26km）

↓

全家內門羅漢門店（門52km）

↓

182水桶彎（55km）

↓

7-11車讚門市（關69.8km）

↓

新化國小（78km）

玉門關環狀線初學者基地

帶路人：何航順
挑戰度：★★★☆☆

> 玉門關環狀線騎乘距離78公里，7成平路、3成丘陵，總爬升約768公尺，包含許多短坡和長坡丘陵地路線。往玉井內門的交通流量較市區小，路面寬闊平坦，起終點安排同一處，途中包括全台知名的攝影師追焦熱點水桶彎、初學爬坡的秘密基地甲蟲坡，相當適合單車長距離訓練。

「新玉門關」 經典路線　初學公路車的起點

　　在地車友均在新化集合，路線依序經過台南玉井→高雄內門→台南關廟。因此有「新玉門關」的名號，此經典路線上舉辦過多次公路賽。筆者初學公路車時，也是跟著車隊前輩，在此展開單車運動的日常。

　　初學者使用的公路自行車，要挑戰丘陵與山路，建議換上壓縮大盤並搭配26齒以上的後飛輪。路面寬闊平坦且車流較少的台20與台3線，適合單車長距離騎乘，不僅訓練到基礎有氧體能，更可遇到長距離騎乘常發生

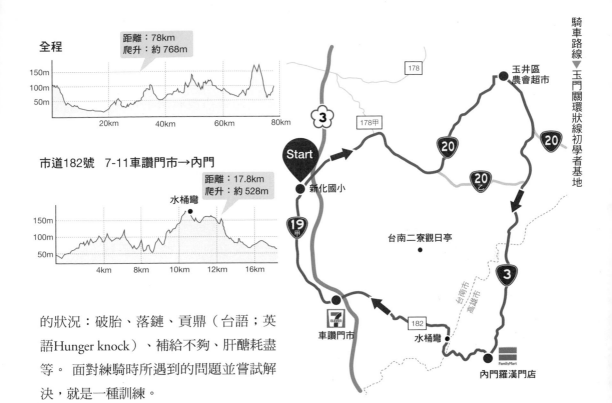

全程

距離：78km
爬升：約768m

市道182號　7-11車讚門市→內門

距離：17.8km
爬升：約528m

水桶彎

的狀況：破胎、落鏈、貢鼎（台語；英語Hunger knock）、補給不夠、肝醣耗盡等。面對練騎時所遇到的問題並嘗試解決，就是一種訓練。

兩段爬坡體驗「吃力的閾值」

在182線，建議從台南的7-11車讚門市往內門方向（往東向），這剛好是逆時針玉門關路線。到達水桶彎之前簡單分為兩段坡。第一段：平均坡度2%較緩，緊接東向甲蟲坡的下坡。第二段：包含一段南屏路有1.5公里7.3%的短陡坡，緊接高速下坡後，再接上一坡的坡頂就是水桶彎。※前述兩段都夾雜短陡坡，上下坡起伏約3-4公里，每段坡都適用於鍛鍊「吃力的閾值」10-20分鐘輸

- **氣候特色**：4月開始均溫 25℃ 以上，建議早上 6:00 出發。夏季午後偶有雷陣雨。11 月進入冬季氣候涼爽，適合全日騎乘
- **如何到達**：開車南下——國道 8 新化端，往新化國小；開車北上——建議高雄內門或關廟集合，因為都方便停車與補給
- **補給點**：7-11 新興運門市（新化）、玉井區農會超市、全家內門羅漢門店、7-11 車讚門市（關廟）

出，提升長距離耐力與速度。初學每週至多練2-3次，若連續兩天安排吃力的閾值課表，第三天要安排充分恢復。

※182線南屏路Climb爬坡往東向長度1.5km、7.3%；182線往西向長度1.5km、5.8%。往西向為順時針，為玉門關比賽之路線方向。

建議初學者善用心率或功率計，在訓練時體會「吃力的閾值」的體感與心率、功率數字的對應。「吃力的閾值」是運動的費力程度，也就是運動強度。從呼吸很輕鬆的運動轉換到呼吸吃力時，體內產生大量乳酸，身體也會開始大量移除乳酸。當乳酸生產大於移除的運動強度，就會開始堆積乳酸，這吃力的程度以「乳酸閾值Lactate threshold」來表示。在本文，筆者直接以體感上「吃力的閾值」表達。

水桶彎訓練下坡過彎

水桶彎是一個需要緊急減速的坡頂髮夾彎，這裡可訓練隨坡度變化變換檔位，維持流暢迴轉。下坡與過彎能又快又穩，是長途公路騎乘的備戰功課。

水桶彎會成為重型機車和攝影師的追焦熱點，乃因市道182號屬於道路品質優良的寬闊兩線道，公路如黑龍蜿蜒於內門丘陵惡地，奔馳於上能有征服速度的快感。不過，目前高速重機的出沒已被有效管制。

長距離補給也需要訓練

水與補給到底多少量才夠？一般來說，建議騎車1小時至少1壺500-600毫升的水。長途騎乘前後，讓體重差不超過1-2公斤（2%-3%的體重減少）。更科學一點，可運用體重計來計算騎車前後的

體重差異，進而在下一次調整運動中的補給計畫。步驟如下：

騎乘前裸測體重，舉例筆者為65公斤。本次騎乘玉門關補水與補給食物（水壺0.6公斤×4瓶＋果膠0.045公斤×4包），總補給重量2.58公斤。騎乘途中上廁所1次平均以0.3公斤估算。完成騎乘，洗澡後再裸測體重62公斤。

騎車前後的體重差異為：65-62＋2.58＋0.3＝5.88公斤，騎乘時間4小時。

因此，可優化補給量合計3.88-4.88公斤，相當於騎乘每小時需增加飲水與補給量0.97-1.22公斤。

水桶彎的彎道高點在市道182號的29km處

環花東自行車賽第二日行經台9線

模擬賽道 (台灣)
環花東自行車賽

環花東在台灣熱衷單車賽事的人們心中，就像是世界五大經典賽一樣必須存在。玉門關環狀線兩趟的距離160公里，即可達到花東單日路程的基本要求。

訓練重點

符合環花東賽的訓練路線要求是：單日騎乘160公里以上、平路加丘陵、有在雨天騎車的準備，並能面對順、逆、側風等各種風向，最重要的是，能在集團車陣中順暢有效率地輪車。因此，長程約騎與團騎訓練是必需的。

不過，要加強爬坡力可以自行特訓，例如在玉門關環狀線182市道的爬坡反覆訓練：以最大心跳的9成維持8-20分鐘「吃力的閾值」，3-6次，上坡迴轉數75-85rpm或更高；若以最輕齒比上坡，迴轉數仍掉到60rpm以下甚至發生關節疼痛，就應停止練習。爬坡反覆訓練在賽前3個月每週最多2-3次，並注意身體恢復，可運用功率計與WKO軟體記錄及評估自己的體能趨勢，以調整訓練課表。

比賽策略

Day1征服牛山：爬牛山留在集團裡，是備戰花東的基本功課。這段9.2公里、爬升201公尺，可切分為3段，每段

環花東自行車賽

賽事資訊
- 歷年舉辦時間：4月第二或第三個週末
- 賽事地點：Day1 花蓮—台東（約130km，台11線）；Day2 台東—花蓮（約178km，台9線→台30線→台11線）
- 參賽條件：年齡限18 歲以上，限用標準彎把公路車
- 賽事最大亮點：①業餘市民可參加的自行車雙日公路賽　②海岸與縱谷美景　③享受逆風與7成陰雨天　④獲勝的不是最快的，而是最強的參賽者

大約是5-6分鐘的間歇，最大攝氧量的訓練。亦可以最大心跳的9成，維持穩定配速20分鐘的長間歇，稍微落後也不用心急，畢竟爬坡攻擊是公路賽的特色。

過牛山後有一大段平路且通常順風，此時與落後小集團輪車較可能追回前方集團，維持在集團裡，等待最後右轉上東管處的短坡衝刺。

Day2玉長公路：2020年賽道納入台30線玉長公路，從玉里端往東至長濱端共7公里，爬升253公尺，是坡度變化較大的長坡。建議維持穩定配速，選擇騎外側較緩的坡，並確保下坡的專注度。回終點前要逆向再征服牛山一次，此時能加速突圍的選手會形成領先小集團，直到花蓮鹽寮的終點分出勝負。

恆春半島199+200 路線指南

總距離：68km，回起點83km
總爬升：約720m

恆春搶孤棚（0km）
↓
小墾丁度假村（11.6km）
↓
港仔社區鐵馬休息站（33km）
↓
旭海溫泉（40km）
↓
牡丹水庫（61.6km）
↓
四重溪溫泉公園（68km）

恆春半島199+200
399吃到飽山海路線

帶路人：王千由
挑戰度：★★★★☆

> 騎行在恆春最優美的縣道199和200號，「好山、好景、好少車」，是個看海景、山景、平路、爬坡一次滿足的好路線。結合週邊在地特色景點，非常推薦車友來一趟訓練玩樂拍照騎旅。

滿州→旭海山海洗禮

這是南台灣經典的長距離丘陵地路線，也是許多單車、鐵人賽事行經的賽道，沿途經過滿州、旭海、牡丹，路面寬度約略兩台汽車能夠會車。

起點是具有恆春文化特色的搶孤棚，鄰近市區，無論是住宿或是外食都很方便，停車更不用擔心，明確的位置便於團體集合。從恆春開始是綿延不斷的丘陵地，坡度約5%-6%；到滿州市區必須在7-Eleven做好補給，因為馬上要接續11公里長上坡，直到「分水嶺社區活動

- **氣候特色**：夏季爬坡段涼爽、旭海段陽光直射，應注意防曬及補水；冬季注意東北季風，穿著可採洋蔥式穿法
- **如何到達**：開車停在恆春古城東門停車場；大眾運輸搭台灣好行墾丁快線「恆春轉運站」下車
- **補給點**：7-11 滿州門市（11km）、牡丹鄉雜貨店、7-11 牡丹門市（62.6km）

距離：68km
爬升：約720m

中心」為第一段爬升較多的區段。

有上就有下，接著10公里的長下坡，風景從山進入到海。山區容易下雨、路面經常溼滑，經驗少的車友須小心下滑，以免受傷。

早晨騎行在旭海蜿蜒的海邊小路，沒有過多遊客經過、車輛少，且地形平緩，能好好享受海風的吹拂，看看藍天與大海完美的漸層色結合，訓練同時放鬆心情。不過，旭海段沒有補給點，前段應多準備補給，以免餓肚子。

旭海→ 牡丹
8km 爬坡＋ 20km 緩下泡溫泉

欣賞美景之後來到「旭海派出所」，代表最後一段長達8公里的爬坡即將到來。爬坡起初就經過旭海溫泉，穿梭在

山林中，騎到199甲縣道的起點，迎面看見的是兩個可愛的香菇亭，即與199縣道交會。交會處向右是往壽卡驛站，向左是牡丹鄉，本路線向左，進入最後一段約20公里的平路加上緩下坡。在總里程約61公里的路旁，能從制高點俯瞰整個牡丹鄉及牡丹水庫的樣貌，適合稍作休息拍照留影。

路線終點是以溫泉聞名的四重溪，附近有原住民特色餐廳與住宿，方便訓練後的補給。這裡很適合約親友來泡溫泉等你下課，訓練兼顧促進感情和放鬆身心。若是自行前往，可繼續騎往車城，接台26線回到恆春搶孤棚，回到起點繞一圈約83公里。

本路線也可以逆騎，發展不同的訓練模式，也獲得不同的景致與感受。

模擬賽道 台灣

戀戀197自行車賽

2022年戀戀197自行車賽開賽盛況

「197」指賽道行經縣道197號。賽道前半段是台東海岸緩長的丘陵地，海拔100公尺以下的短爬坡和平路不停轉換；最後7公里於197線的爬坡段，十分考驗體能分配及變速技巧。399路線能模擬比賽地形，幫助適應多變風向與烈日。

訓練重點

戀戀197賽道與399吃到飽路線都有相同的丘陵地形，且距離足夠，訓練長距離騎乘耐力及變速的技巧再適合不過了！面對東海岸丘陵地，除了地形的考驗，還有天氣與風的變化。399路線從龍磐草原到旭海路段，可以模擬風大中上肢抗風阻狀態的趴姿角度，以及在幾乎零遮陰的大太陽下做耐熱適應。

比賽策略

近幾年賽事舉辦時間從7月改至12月，天氣較涼爽也較容易發揮。夏季197必須做好電解質的補充；冬季197要特別注意清晨低溫，視情況決定衣服穿著，賽前請親友團收走多餘的保暖衣物，避免比賽中大太陽下穿太多，發生無處收衣服的窘境。

開賽出發時會形成大集團，務必留意周遭車況並確實做好熱身，東海岸採取維持在FTP 75%-85%穩定巡航。除了孤軍奮戰，也可以跟上適合自己速度的集團進行跟車，但要注意集團的躁動、速度不穩定。面對不間斷的丘陵，必須好好分配體能並適時補給，專注在自己適合的強度區間以及合適的轉速，目的是為了保留肌力到最後的上坡段，才能好好發揮實力無痛完騎。

特別提醒，197過終點拱門後會進入長下坡段，一路溜約20分鐘回主會場，下坡需注意路上坑洞，小心別在完賽時摔車了！

戀戀197自行車賽

賽事資訊
- 歷年舉辦時間：12月
- 賽事地點：台東卑南大圳水利公園
- 參賽條件：年滿16歲皆可報名，依本身實力可選擇競賽組或挑戰組，差別在於海岸線的騎乘距離
- 賽事最大亮點：①東部經典賽事不能錯過 ②台東美食豐富 ③能欣賞東海岸優美景色 ④有挑戰組及電輔車組供初學者參與

模擬賽道 菲律賓
蘇比克灣國際鐵人三項

蘇比克灣非常考驗選手對大太陽的熱情

> 菲律賓指標性鐵人三項賽，每年舉辦時間在4-5月，此時蘇比克灣的天氣炎熱，非常考驗選手對大太陽的熱情！而騎乘在399路線上，也能模擬到類似的烈日與高溫。

訓練重點

游泳：比賽時海泳的體感溫度比一般來得高，訓練時建議穿防寒衣在室內泳池，讓體溫升高適應比賽體感。賽道是游在海灣內，備賽時可到399路線起點附近的南灣沙灘做海泳訓練。

騎車：除了平日在室內踩台，週末的長時間騎乘不可少。恆春的夏天不容小覷，在399路線上幾乎無遮蔽物，訓練體能之外也能體驗溫度的變化。

蘇比克灣四季如夏，需加強「耐熱」的技能，並注意水分、電解質補充。訓練建議早一點出發，不用全程都在太陽下，以避免熱衰竭和中暑。耐熱不用天天練習，固定每週或每月1次，或是比賽前1個月再慢慢適應即可，對身體較無負擔。

比賽策略

游泳：賽事採在沙灘集體出發制，非頂尖選手建議開賽在沙灘30公尺間不要過度戰鬥，因為第一批下水是一級戰區，碰撞、推擠再所難免，晚點下水可以大幅降低嗆水風險。

騎車：中後段有一個大坡，入坡常有「壞人」加壓攻擊，建議不要在集團後方，以免被脫隊的人影響。此外，高溫可能讓身體吸收效率不佳造成腹痛，建議及早補給促進消化。建議準備「保冷水壺」裝滿冰塊，騎乘間淋冰水在自己身上，解熱又解渴。

跑步：酷熱天氣下，體能下降的程度絕對超乎想像，前3公里建議保守配速。賽道全程平緩，只要隨時注意配速、補水和降溫，一定可以順利完成。

NTT ASTC蘇比克灣國際鐵人三項

賽事滿30年，除了標鐵51.5km，亦有短距離25.75km、超級短距離13km可選擇。

賽事資訊
- 歷年舉辦時間：4月底至5月初之間
- 賽事地點：菲律賓蘇比克灣
- 參賽條件：年滿16歲，另外超級短距離組開放13-15歲參與
- 賽事最大亮點：①四季如夏 ②設有25.75km、13km組別 ③戶外運動愛好者勝地 ④當地生態豐富，熱帶雨林與海洋等著你冒險

知本溫泉縣道194
路線指南

總距離：來回8.5km
總爬升：約110m

7-11東遊季門市（0km）
↓
新溫泉橋（0.3km）
↓
知本地標壁畫（1km）
↓
知本森林遊樂區（4.2km）
↓
勇男橋（7km）
↓
7-11東遊季門市（8.5km）

知本溫泉縣道194
先苦後甘路線

帶路人：劉祖寧
挑戰度：★★★★☆

喜愛泡湯的人對於知本溫泉都印象深刻，但是熱愛跑步的人可能不知道知本縣道194號是一條很適合練跑的路線。這條路能培養出先苦後甘的習慣、強健的上坡腿力，更能加碼與台灣獼猴打招呼。完成訓練後，觀光和泡湯更是療癒身心。

起終點完跑可買伴手禮

因為筆者本身任職於知本老爺酒店，所以訓練都是從酒店的大斜坡與縣道194的交會處起跑。不過對一般跑者來說，最推薦的起跑點是7-Eleven東遊季門市，不但停車方便，還有洗手間可以使用，訓練前後的補給也不需要擔心。如果外縣市的跑友想帶些台東的名產或伴手禮回去，隔壁就是農會農特產品展售中心。

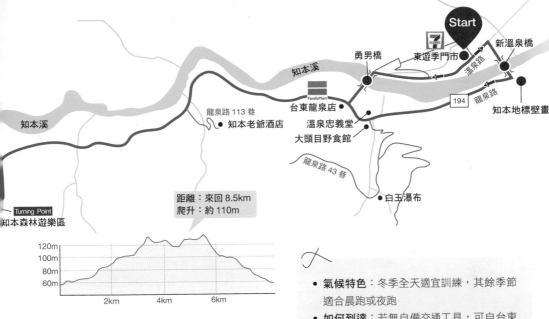

距離：來回 8.5km
爬升：約 110m

3km 緩坡先苦後甘

　　從7-Eleven東遊季門市出發可往兩條路抵達縣道194，習慣先緩和熱身的跑友，建議先向東往新溫泉橋的方向，跑過新溫泉橋後右轉龍泉路（縣道194），再往知本森林遊樂區的方向前進。從起點至忠義堂這段路約1.5公里，地形平緩適合熱身，愛拍照的朋友可在堤防旁與知本溪畔美景合影。跑過忠義堂後，路線開始爬升至勇男橋頭。勇男橋是本路線交會處，如果你習慣一出發就跑強度，不妨嘗試從起點先向西往勇男橋方向，一開始就進入緩坡路段，直到過完勇男橋約1公里後才稍微平緩100公尺。

　　接下來進入訓練的主菜——一路緩升3公里至知本森林遊樂區入口。這條訓練路線是典型的先苦後甘型，去程雖然考驗上坡的腿力，回程就可以輕鬆一點，順便練習下坡的跑步技巧。

- **氣候特色**：冬季全天適宜訓練，其餘季節適合晨跑或夜跑
- **如何到達**：若無自備交通工具，可自台東轉運站搭乘東台灣客運8129，行經知本火車站抵達知本溫泉區，離本路線起點最近為「東遊季站」
- **補給點**：7-11 東遊季門市、全家便利商店台東龍泉店

加碼：獼猴比人多的半馬爬坡訓練

　　對上坡訓練有高度熱愛的跑友，可以自行加碼從大頭目餐廳旁的陡坡上到白玉瀑布，也可以從縣道194轉入溫泉路120巷，前往知本林道挑戰。知本溪右岸周邊的產業道路主要繞著樂山而行，足夠讓跑友完成半馬以上的訓練距離，而且總爬升可達500公尺以上。

　　除了知本溫泉公益馬拉松活動當天，平時在縣道194溫泉區訓練的跑友非常少，如果是選擇清晨或傍晚跑步，說不定遇到的獼猴比人還多，切記不要餵食，也不要與獼猴四目對望，就把牠們當作賽道上為自己加油的觀眾吧！

跑吧！孩子 知本溫泉公益馬拉松

看見「孩子的書屋」創辦人陳俊朗（陳爸）長期對家鄉弱勢兒童教育的奉獻，由知本老爺酒店發起此公益賽，至今已連續6年成功吸引各地跑者，為偏鄉孩子的教育一起奔跑。賽事距離分為全馬、半馬、10公里及6公里，後兩者的賽道與前頁推薦的知本溫泉縣道194路線相同；全馬及半馬路線則以大知本地區為主，屬於丘陵地形賽道。

知本溫泉公益馬拉松的起終點位於7-11東遊季門市旁廣場，也是前頁推薦路線的起點

訓練重點

本賽事的全馬選手會不斷面臨緩上坡，總爬升約280公尺。建議在備賽時加入2-3公里緩坡的折返訓練，讓身體提前適應地形的變化。

比賽策略

全馬及半馬賽道一出發就是約300公尺緩上坡，接著是一個大幅度的下坡進入台9線，這段台9線直到台東大學知本校區大學路以前，是一般開車視野看不

出來的緩坡。建議不要因為配速比平時低而躁進，因為稍後的大學路就是一條筆直的長下坡，絕對有足夠的距離讓你一邊遠眺太平洋，一邊把時間追回來。

完成大學路下坡，轉進台11線到知本路橋前，地形大致平緩；知本路橋後轉進卡大地布部落，才是這場賽事的關鍵。半馬選手將一路緩上5公里直到終點；全馬則是緩上2公里後轉進台9線進行第二圈，再度面對那段看不出來的緩坡，許多選手在此路段會出現掉速情況。即使在28-32公里最容易出現撞牆期的賽段，有大學路下坡及台11線平緩路段，但面對最後從部落回到終點的5公里緩上坡，許多選手仍難以維持全馬設定的配速。

不習慣丘陵地形的跑者，建議在台9線採取比平時訓練更保守的策略，即使在大學路下坡也要控制心率。半馬選手可利用知本路橋慢慢拉高心率，面對從部落回到終點的5公里上坡；全馬選手則持續維持保守策略，直到完成第二圈台9線上坡後，再利用大學路下坡緩緩加速，建議要保留能跑完10公里的體感來面對進入部落後的上坡路段。

相信你一定可以開心完賽！一起為書屋的孩子而跑。

6km及10km的路線讓跑者邊跑邊欣賞知本溫泉區的美

跑吧！孩子 知本溫泉公益馬拉松

知本老爺酒店結合知本溫泉觀光發展促進協會及卑南鄉公所的支持，已連續舉辦6年，賽事部分報名費捐贈給「孩子的書屋」做為教育用途。賽事獎品包含Garmin多款運動專用手錶、老爺酒店集團旗下各據點住宿券，相當豐富。

賽事資訊
● 歷年舉辦時間：11月第一週
● 賽事地點：知本溫泉區
● 參賽條件：6km休閒組、10km健康組不限年齡；半馬及全馬組限年滿16歲
● 賽事最大亮點：①一起為書屋的孩子教育奉獻 ②賽前觀光及賽後泡湯 ③知本旅宿業者及部落婦女提供的在地特色美食補給與完賽餐點 ④部落婦女熱情的加油方式

台11線八嗡嗡海岸長騎

帶路人：劉祖寧
挑戰度：★★★☆☆

台11線八嗡嗡海岸路線指南

總距離：來回90km
總爬升：約520m

台東森林公園活水湖（0km）
↓
都蘭（17km）
↓
東河（30km）
↓
都歷（37km）
↓
八嗡嗡海岸（45km）
↓
活水湖（90km）

台東是每年鐵人賽事舉辦最多的縣市，也因此被稱為「鐵人的故鄉」，許多鐵人的初鐵都是在台東完成的，筆者也不例外。而台11是鐵人們最不陌生的路線，沿途除了能享受最美的台東藍之外，地形類似丘陵起伏，給人既熟悉又不易掌握的挑戰。

從鐵人賽的起點活水湖開練

　　台東在地或是外縣市來移地訓練的鐵人，通常選擇活水湖作為八嗡嗡海岸線單車訓練的起終點，因為周邊停車方便，而且大多數在台東舉辦的鐵人賽113或226項目，都將轉換區設在活水湖周邊，也都以這條美麗又充滿挑戰的海岸線作為單車賽道。從這裡出發，可以完全體驗賽事當天的路徑。如果單車訓練結束後想要轉換跑，也可以沿著活水湖畔進行，一圈大約2.5公里。

絕美海岸線　回市區補鐵人一姐暖心餐飲

　　台11線從中華大橋到八嗡嗡，沿路至少會經過5家

便利商店，方便補給及使用洗手間。如果你擔心在炎炎夏日進便利商店吹到冷氣就不想繼續訓練，這條來回90公里的路上，也有3間加油站讓你暫停小解一下。如果你只想輕鬆練休閒騎，一路上從富岡開始，經過富山、都蘭、隆昌、金樽、東河、都歷，到八嗡嗡折返以前，有非常多景點及讓人想停下來的店家，而且這幾年陸續增加中，有些店甚至是Instagram熱點。不過，筆者個人習慣還是練完回到台東市區再好好補給。

這條路線周遭最推薦的店家是台東市區的「來一捲」，由台東鐵人一姐——李秀如經營，除了有她獨家研發各種內餡的手桿捲餅之外，筆者也常點鍋燒意麵，自製豆漿更是台東鐵人圈的熱銷商品。一姐很喜歡和客人交流、分享訓練及比賽心得，讓鐵人增加不少心靈瓦數。

加碼 7km 爬坡
經典路段幸運可遇「范老師」

如果你是喜歡訓練課表加量不加價的人，回程上中華大橋之前，不妨右轉切入石川部落，繞過志航基地外圍右轉，騎上197縣道到富源村至高點，這段7公里的爬坡路線，也是每年戀戀197公路賽的經典路段，幸運的話還會遇到最強素人「范老師」范永奕。

距離：單趟 45km，來回 90km
爬升：約 520m

- **氣候特色**：春秋兩季氣候宜人，均溫約 23-25℃。冬季均溫 20℃以下且東北季風強勁，早上 8:00 後酷熱，較不適合訓練
- **如何到達**：從台東市區民宿或旅館直接騎單車或開車至活水湖，距離約 1-5 公里
- **補給點**：沿途主要聚落皆有便利商店、特色小吃及咖啡店，加油站亦提供廁所

模擬賽道 台灣

普悠瑪鐵人三項

普悠瑪和其他在台東舉辦的鐵人賽事相同，113及226組的單車段都從活水湖出發，走台11線到八嗡嗡，而前頁介紹的訓練路線正是完整的賽段。不過，如果你是居住台北地區的選手，那麼本文還有其他實用的推薦路線與策略供參考。

普悠瑪鐵人三項賽事規劃完善，賽道終點讓選手感受到國際賽事衝線的氣氛

訓練重點

游泳：在台東舉辦的鐵人賽都是在活水湖進行游泳項目，也是許多鐵人心目中台灣最容易適應的開放水域，只要有足夠的泳技及開放水域訓練，要完成游泳項目並不困難。

騎車：單車賽段的訓練，前頁介紹的台11線路線正是完整的賽道路線。如果你是生活在台北地區的人，那麼從三芝開始到金山萬里的這段北海岸路線，是最好的模擬訓練選擇。或是找一段30-40公里的丘陵地路線進行折返訓練，除了適應上下起伏功率落差的體感之外，相同路線折返才能體驗到逆風及順風騎乘的差異，因為在台東的鐵人賽單車項目，面對逆風的控車技巧及功率輸出訓練是相當重要的，這也是在訓練台上不容易模擬的情況。

跑步：跑步項目是在馬亨亨大道（113及226組）及卑南溪防汛道（51.5組）進行，路線沒有太明顯的起伏，唯一要克服的是相同路段往返景色重複的內心折磨感，有參加過普悠瑪的鐵人應該都體驗過「無限輪迴的馬亨亨」，尤其226的選手要來回5趟。

要模擬類似這樣的賽道安排，建議可以在自家附近找一段4-5公里的平緩路段，進行重複折返或繞圈的模擬訓練，例如台北河濱福和橋到景美橋之間來回5公里的路段（路線介紹詳見P.26），筆者休假回台北的時候也常出現在這個路段訓練，或是偶爾在體育場的跑道上像倉鼠一樣繞圈圈，進行長距離「練心訓練」，也是模擬類似賽道的方式。

比賽策略

游泳：普悠瑪鐵人賽通常在3月中旬舉辦，這段時間活水湖的水溫大約22-23度，由於並非國際賽事，也沒有爭取參加世界錦標賽資格的問題，大會開放選手穿防寒衣。如果你不是習慣在室外常溫泳池進行冬泳的選手，建議不要一條泳褲或一件泳衣就下水，在開放水域中

穿著防寒衣游泳除了避免失溫，最重要的是可以增加浮力，不僅提高安全性，也大幅度降低游泳消耗的體力。如果你擔心游到一半太熱，或是選擇用蛙式完成，建議可以穿無袖或半截式及膝的防寒衣。以筆者怕冷體質來說，在活水湖常態的水溫日常練習及比賽時，穿無袖防寒衣就足夠了。

騎車：3月的台東少見攝氏30度以上高溫，東北季風通常是單車賽段最大的考驗。尤其越接近中午風勢越大，通常正值226選手進入單車的第二趟90公里折返（226單車項目總距離180公里），體力下滑加上逆風的考驗，讓這段去程45公里的距離好像90公里一樣遠，尤其到了都蘭水往上流及金樽兩個明顯的上坡路段，想下來牽車的念頭難免出現。要克服這一點，除了平時有足夠且類似風勢的長距離練習，依照自己設定的功率穩定輸出還是不變的原則。

如果遇到風勢較大且明顯上坡的路段，為了不耗費過多的體力影響之後表現，不妨切換成小盤完成上坡路段。千萬要記得有逆風就會有順風，有上坡就會有下坡，在丘陵地形的東海岸賽道上，要多利用順風及下坡路段加速爭取時間，逆風及上坡的路段切忌為了維持速度而重踩。

至於會不會發生上午吹北風下午吹南風的情況？在3月中旬的普悠瑪並不常見，4月下旬的Challenge Taiwan就曾發生；如果遇到了也不要慌，不超過自己設定的功率，留一點體力，才有機會在跑步路段把時間追回來。

跑步：馬亨亨大道看似單調且平緩，實際上跑一趟來回爬升也有約20公尺，由東向西為緩上坡，尤其當騎完90或180公里的單車後，感受會較明顯。如果跑步時感到很疲憊，可以試著在西向的路段降速或小走一段，回程再順勢加速或盡量跑起來爭取時間。

最後，足夠的訓練及適時補給，才是平安完賽最重要的關鍵。

普悠瑪鐵人三項

台東縣城鄉生活運動協會主辦，雖然參賽人數不如Challenge Taiwan多，但賽事的專業度及精彩度並不遜色，吸引不少職業及業餘好手參賽較勁。賽事贊助廠商逐年增加，選手物資豐富度也不斷提升，由於選手較少、賽道較不擁擠，是許多鐵人想突破自我成績的首選賽事。

賽事資訊
- 歷年舉辦時間：每年3月中旬
- 賽事地點：台東森林公園活水湖
- 參賽條件：依本身實力可選擇競賽組或挑戰組
- 賽事最大亮點：①最容易適應的開放水域 ②最美的單車賽道 ③人數較少適合挑戰個人最佳成績 ④報名費較優惠且有獎金制

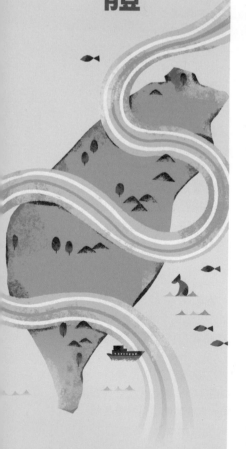

同場加映

全台耐力運動團體

※ 本單元以具備一定規模的鐵人、跑步、單車運動團體為主要蒐集對象，排除營利、企業及學校內部團體。礙於篇幅，未臻完整。
※ 集合地點與固定團練時間可能異動，依各團體實際公布為主。
（統籌作者陳彥良、本書編輯部整理）

01 #鐵人

臺北市內湖鐵人三項運動協會

集合地點：路跑——美堤河濱公園（彩虹河濱公園）；游泳——大湖公園游泳池
固定團練時間：週一、四路跑；週二、五團騎；週三團泳；週六、日長距離團騎
聯絡管道：FB公開社團「內湖鐵人GoGoGo！」
會費：有收會員年費，但團練視情況收費

由一群台北市內湖區愛好運動的社會人士組成，成立至今12年，對內舉辦過多項運動活動，協會也參加過許多運動賽事，凝聚彼此的向心力。隊友大部分居住內湖，但喜歡三項運動的任何一項者皆熱烈歡迎加入！

02 #鐵人

台北市16瘋狂極限運動協會

集合地點：福和橋
固定團練時間：週六6:30-12:00
聯絡管道：FB粉絲專頁「台北市16瘋狂極限運動社團」

16瘋狂極限運動協會又名為「16sanity」，該名由來源自玉山的高度是海拔3,952公尺，2020年成員提出了一個挑戰：從至善國中騎單車到中社路頂來回8公里，一趟爬升200多公尺，反覆騎乘16趟就能完成與玉山等高的爬升。以此名紀念當年第一屆瘋狂挑戰的16趟中社路來回。瘋16集結了近300位喜歡運動的朋友，不時會舉辦瘋狂的自我耐力挑戰，並時常結合公益。

05 #鐵人

TMAN 鐵人隊

集合地點：台大、內湖堤防外
固定團練時間：週一19:30-21:00
聯絡管道：FB粉絲專頁「TMAN鐵人
隊」、FB公開社團「Tman
鐵人隊 交流區」

#練速度！ #練感情！ #練垃圾話！
一群熱血的鐵人除了團練，每年還會
舉辦Tman盃鐵人三項賽，該賽事非正
規路線，強度頗高，過程洋溢滿滿熱
情與歡樂，賽後還會安排聚餐。

03 #鐵人

DWD Triathlon

集合地點：大同高中操場
固定團練時間：週三19:30-21:00
聯絡管道：FB粉絲專頁「DWD
Triathlon 休閒鐵人社團」

2007年成立，北部最大鐵人社團之
一。除有社內團練、休閒競賽活動，
也常揪團參加國內外比賽。付費社員
近年為350-400名，雖社團以休閒運
動為主旨，但許多成員實力堅強。

06 #越野鐵人

北投慢跑暨三鐵協會

集合地點：北投少帥禪院或中正山登
山口（中正山—竹子湖—
玉瀧谷—泉源國小、少帥
禪院—惇敘—地熱谷繞
圈）
固定團練時間：週日 6:00-12:00
聯絡管道：FB公開社團「北投慢跑暨
三鐵協會」

04 #跑步

醫護鐵人台北夜跑團

集合地點：圓山舊兒童樂園
固定團練時間：週四19:30-21:00
聯絡管道：FB粉絲專頁及官方網站名
稱「醫護鐵人」，LINE@官
方帳號：@wrz2678x

團練路線安全，90%以上無行車，還
有醫護背景的醫護鐵人們一起跑。跑
完有集體收操及補給水果，不定期舉
辦聯誼活動，皆免費參加。本團為全
台第一個以ISO方式進行管理的跑團
系統，目前有台北、桃園、台中、台
南、高雄5個連鎖跑團。

成員50歲以上居多，跑超馬、越野馬
拉松，超鐵經驗超過20年以上。以
「社團法人臺北市北投慢跑暨三鐵協
會」為主體，推動台北市體育休閒活
動為宗旨，專以推動中長距離慢跑、
越野運動、鐵人三項運動，提高技術
水準，增進市民健康，發展全民體育
為目的。

07 #跑步

大佳路跑團

集合地點：大佳河濱公園8號水門大佳棚

固定團練時間：週二、四18:30-20:30；週一、三5:30（冬季6:00）

聯絡管道：聯絡窗口FB「李國憲」

大佳這個平台已經發展出多元化的經營，除了跑步，還有龍舟隊、登山隊及鐵人隊，歡迎相同嗜好的人一起運動。初創立時只有每週二、四夜跑班，2014年2月晨跑班誕生，並有每個月底固定10公里測速。

08 #跑步

亂跑團

集合地點：馬場町河濱

固定團練時間：週三19:30-20:30

聯絡管道：FB粉絲專頁「亂跑團」

輕鬆，自在，歡樂。

09 #跑步

耕跑團

集合地點、固定團練時間：

週四19:00-20:00 台北田徑場/暖身場固定團練，聘請教練帶暖身及收操分組間歇跑

週日6:00-8:00 福和橋，橋下置放補給桌補給飲料

聯絡管道：FB私密社團＋Line私群「耕跑團」，聯絡人－小秘Maggie

緣於耕建築內部同仁練跑團體，2013年正式對外成立跑團，耕跑團以「跑步」之號召推動公益，推廣環保、健康、減碳、慈善及教育公益。加入跑團需要跑友推薦，實地團練滿3次並完成報到規定後，即成為耕跑友。

10 #跑步

新北市新莊慢跑協會

集合地點：新莊田徑場

固定團練時間：每週2次或以上，6:00-8:00

聯絡管道：FB公開社團「新北市新莊慢跑協會」

2002年1月15日創會，由一群喜歡跑步的朋友組成，為健康快樂跑步。

11 #跑步 #鐵人

新北市愛跑者協會

集合地點、固定團練時間：

愛跑晨跑團——每日5:00新月橋（新莊夜市端）

愛跑飆速團——週二、四18:00新莊田徑場

愛跑夜跑團——週三19:30新月橋（板橋端）

愛跑三鐵團——游泳班夏季限定，週一、五19:20 新莊新泰游泳池涼亭；假日團約騎點於群組發布

聯絡管道：FB公開社團「新北市愛跑者協會」、「愛跑闇黑晨跑」；FB粉絲專頁「愛跑夜跑團」、「愛跑三鐵團」、「愛跑飆速團」

源自1987年創立的「台灣省愛跑者聯誼會」，2013年成立「新北市愛跑者協會」。目前協會旗下有5大子團：愛跑晨跑團、愛跑夜跑團、愛跑飆速團、愛跑三鐵團、愛跑露營團。協會年度活動包括：新春團拜關渡宮、每年2次春及秋季陽明山蹤走10連峰及15連峰、長騎北高380及東進武嶺、每年約10次配速跑賽前訓練、88節明志科大路跑賽、移地訓練及烤肉等活動、年底12月會員大會一年回顧。

12 #跑團

新北捷豹慢跑協會

集合地點：中和國小運動場
固定團練時間：週二、四5:00
聯絡管道：FB公開社團「新北捷豹慢跑協會」

源於1982年中、永和地區熱愛慢跑的同好組成，並於隔年成立「豹慢跑俱樂部」，2010年正式成立「新北市中和區捷豹慢跑協會」，後更名為「新北市捷豹慢跑協會」。成立之宗旨為：以健康，修身養性，助人為本，並以推廣全民運動，健康身心為終極目標。

13 #跑步

北大長跑/台北市長跑協會

集合地點：台灣大學椰林大道的傅鐘
固定團練時間：週六6:00
聯絡管道：FB私密社團「北大長跑幸福組」、LINE洽詢聯絡人張經緯ID:17223943

1963年成立的「北大田徑隊」，後更名為「北大長跑俱樂部」，1999年再更名「台北市長跑協會」。北大長跑分有5組（國際、幸福、烏龜、夜鷹、長青），目前有固定時間且具規模的團練為幸福組及烏龜組，其中幸福組以臺灣大學為團練基地，速度不拘，在週六清晨運動結束後，還有早餐會，並結合不定期的專題分享。

14 #跑步

蘆洲慢跑

集合地點：成蘆橋下、五股溼地停車場等，視團練路線不同

固定團練時間：
晚班——週一、三、五，第一梯次18:30，第二梯次18:50，統一20:10回到集合點打卡
早班——週二、四 5:00

聯絡管道：FB公開社團「蘆洲慢跑」

擁有悠久歷史的社團，會員層級有許多菁英跑者，也有僅是規律運動的團員，分為早班、晚班，會分別舉辦定期團練活動，適合所有人參與。

15 #跑步

醫護鐵人桃園夜跑團

集合地點：桃園高鐵站2號出口前廣場
固定團練時間：週二 19:30-21:00
聯絡管道：聯絡管道：FB粉絲專頁「醫護鐵人」、LINE@官方帳號：@wrz2678x

充滿溫暖的跑團。團練分為4個組別：屍速列車：10-11公里，約4-5分速；JR新幹線：9-10公里，約5-6分速；湯瑪士小火車（籌備中）：7-8公里，約7-8分速；噹噹車（若有特殊需求請洽團長，會特別為您加開）：5.2公里，約8-9分速。讓民眾有多樣的選擇、開心安全地運動。

16 #跑步

三蘆新力量

集合地點：三重田徑場右半圓後方
固定團練時間：週三20:00
聯絡管道：FB私密社團「三蘆新力量」

純粹推廣跑步運動的社團，不收費、沒有嚴格規範，開放自由參與。每週三固定在三重田徑場安排不同的間歇課表，依程度分組團練，並加入肌力與核心訓練。除了跑步，也有三鐵與越野跑的不定期自主約團。

17 #跑步

龍珠幫

集合地點、固定團練時間：
週二4:50 大同山，樹林區萬佳鄉早餐-保安店前集合；週三5:00 樹林高中田徑場；週四19:10 小白球，萬佳鄉保安店前集合。假日不定時開長、短距離團練

聯絡管道：FB公開社團「龍珠幫」，參與團練活動2次以上可加入「龍珠幫」LINE群組

晨跑夜跑大同山（含小白球）、大棟山（含大榕樹、405高地）、新月橋、浮洲橋河濱。設有七龍珠證書，每集滿7顆龍珠（小白球）可申請。

18 #單車

板橋騎兵團

集合地點：華江橋下自行車租借站
固定團練時間：每週二、三、四
　　　　　　　　20:00-22:30
聯絡管道：FB私密社團「板橋騎兵團
　　　　　　II」、LINE社群「板橋騎兵
　　　　　　團」

一群居住在板橋附近的單車愛好者所組成，2008年成立至今，除了每週固定夜間約騎，假日也有休閒約騎。本團是歷屆環大台北在地車隊代表，其粉紅衫隊服是明顯識別，車隊夥伴臥虎藏龍、幽默風趣、歡樂和諧。

19 #鐵人

中華民國極限運動超鐵協會

集合地點：八德區福德祠
固定團練時間：週三 5:00-6:30
聯絡管道：FB粉絲專頁「中華民國極
　　　　　　限運動超鐵協會 CTUTA」
會費：有收會員年費，但團練視情況
　　　　收費

任務及目標包括：①推展游泳、單車、跑跑運動；②促進鐵人運動、訓練競賽計畫；③協助指導與承辦各地區機構、社團組織的極限及超鐵運動；④培育鐵人運動人才；⑤推廣兩岸三地極限運動與超鐵運動之研究；⑥關注弱勢及偏遠地區公益之活動執行。

20 #鐵人

LDS超鐵團

集合地點：桃園市立泳池（游泳）
固定團練時間：週五 5:30-6:30
聯絡管道：FB私密社團「LDS超鐵
　　　　　　團」

2013年4月23日「LDS超馬團LDS ULTRAMARATHON CLUB」成立，創團宗旨為「LSD練腿力，LDS排腿痠（練嘴皮）」。多數團友以跑超馬為目標，約2/3團員有跑超馬經驗。

21 #跑步

LDS超馬團愛桃跑

集合地點、固定團練時間：
週一5:00 夜鷺公園
週二5:00 視障陪跑，北桃─建國國中、南桃─平鎮文化
週三5:00 武陵高中6km、9km、11km
週四5:00 A21捷運站、桃園忠烈祠前（忠烈祠──路標10km處，過環保公園往上250m）、視障陪跑，三民運動公園
週五5:00 玉山公園木牌前（1圈1.4km）、文化後花園晨跑10km，平鎮文化國小門口集合
週六、日 隨機開設LSD山路團，如楓樹坑、大棟山、大熊、大小熊、北113東眼山、石門水庫21km或36km等。開團資訊會在社團和LINE通知。
聯絡管道：FB私密社團「LDS超馬團
　　　　　　愛桃跑」

01 #鐵人

台灣大腳丫長跑協會——台灣大腳丫三鐵隊

集合地點：台中市中興大學操場
固定團練時間：每週2次或以上5:30-7:30、18:30-20:30
聯絡管道：FB公開社團「台灣大腳丫長跑協會」、「台灣大腳丫三鐵隊」；網站www.bigfoot.org.tw

隸屬全台灣最大的運動社團之一「台灣大腳丫長跑協會」的三鐵隊，由一群熱愛三項運動的成員組成。主要訓練場地包括：游泳——大里游泳池、大台中游泳池、文山游泳池、來賓游泳池、日月潭；跑步——中興大學操場、逢甲大學操場、東海大學操場、彰化體育場；騎車——中投公路、都會公園、136、鳳山寺、台3線、台八線、台21線、中潭公路、台14線。

02 #跑步

嘉義市諸羅山長跑協會

集合地點：崇仁護專（蘭潭校區）
固定團練時間：週六5:00-12:00
聯絡管道：FB公開社團「嘉義/諸羅山長跑協會」

嘉義地區指標性長跑社團，每年舉辦優質的標馬與超馬賽事，團員從菁英跑者到初階慢跑者皆有，平時有團練及爬山郊遊、聚餐等活動。

03 #跑步

台灣野孩子野跑協會

集合地點：潭雅神自行車道
固定團練時間：不定期開團6:00-12:00
聯絡管道：FB公開社團「台灣野孩子野跑協會」

2015年由徐鉑森（森哥）和跑步愛好者創辦，初衷是提供家庭一同參與的戶外活動，從山上踏青、玩水到跑山、烤肉，增進親子關係。1年後協會正式成立，並更名為「野孩子野跑協會」，而後再更名為「台灣野孩子野跑協會」，成為可跑、可玩、促進親子關係的歡樂社團。

04 #鐵人

鉄南人sports

集合地點、固定團練時間：
週二20:00 成大光復校區操場（黑白跨欄處）
週五19:50 林默娘公園大停車場
聯絡管道：FB粉絲專頁「鉄南人sports」

因跑步而結合的愛好運動夥伴，從事多元的耐力運動，如跑步、單車、鐵人三項、登山、划龍舟、溯溪等。

05 #跑步

彰化縣二鹿慢跑協會

集合地點：鹿港體育場
固定團練時間：週三18:30-21:00
聯絡管道：FB公開社團「彰化縣二鹿慢跑協會」

由菁英跑者與歡樂跑者路跑志工組成的路跑團體，每年都會舉辦二鹿慢跑聯合團練，邀請每個地方的跑團共襄盛舉，還有交管以及超澎湃補給。此外，二鹿慢跑協會理事長陳信仲也主辦知名的「鹿港馬拉松」，賽道必經路線有國定古蹟鹿港龍山寺國定古蹟，還有縣定古蹟文開書院，展現鹿港的人文歷史風情。

06 #鐵人

新泰精英三合院鐵人隊

集合地點、固定團練時間：
週一19:30 東海大學操場間歇訓練；週二20:00 旱溪金母橋歡樂跑；週四19:30 中興大學操場高強肚跑；週六15:00-17:00 台中市游泳訓練中心（精英游泳課）
聯絡管道：
FB私密社團「X.C.R.C 台中新泰瘋單車愛路跑學游泳」、FB粉絲專頁「台中新泰×intai 瘋單車×愛路跑」

XINTAI中文為「新泰」，名稱源自新泰汽車。社團由一群共享路跑、鐵人等運動興趣的成員組成，宗旨為「新奇運動意念，擁抱健康福泰」。

07 #單車

非常慢車隊

集合地點：嘉義市博愛路大潤發
固定團練時間：週三19:30-22:000
聯絡管道：B粉絲專頁「非常慢車隊」、FB公開社團「非常慢車隊」

直屬於嘉義市大小事社團旗下的車隊，並為承接社團獲邀或參加公益等性質之各項活動而建立。

08 #跑步

醫護鐵人台中夜跑團

集合地點：台中歌劇院
固定團練時間：週五19:30-21:00
聯絡管道：FB粉絲專頁及官方網站名稱「醫護鐵人」，LINE@官方帳號：@wrz2678x

在人稱中海線神醫的隊長李偉裕醫師帶領下，每週在台中歌劇院周遭繞圈跑，沿途有4組配速及距離不同的列車可選擇。跟醫護鐵人其他連鎖跑團一樣，加入不用任何費用，更有醫護鐵人的陪伴，讓你安心健康地跑步。

09 #跑團

醫護鐵人台南夜跑團

集合地點：台南平實公園涼亭
固定團練時間：週二19:30-21:00
聯絡管道：FB粉絲專頁及官方網站名
稱「醫護鐵人」，LINE@官
方帳號：@wrz2678

起源於平實公園，練跑路線鄰近台南
國賓影城與南紡購物中心，熱鬧的街
景相對於靜謐的平實公園，跑起來格
外有鬧中取靜的感覺。團練結束後偶
有餐敘，不用特地報名，想來就來零
收費的方式，讓運動完全無壓力。

10 #單車

紅塵自行車隊

集合地點：旗哥牛肉湯（台南市北區）
固定團練時間：每週2次或以上6:30-
11:00
聯絡管道：FB粉絲專頁「Mortop 紅
塵 Cycling Team」

專業自行車隊，以參與環泰國賽、全
國錦標賽為目標。領導者鄧煌勳整合
資源，培養台灣年輕自行車運動員，
提升風氣。紅塵車隊成立於2000年，
從週末約騎轉向公路競賽，凝聚對公
路賽的熱情，參與年度俱樂部聯賽。

11 #鐵人

步輪不累鐵人團

集合地點：美術館路與美術館東二路
交叉路口
固定團練時間：週六5:30-8:30
聯絡管道：FB粉絲專頁「步輪不累鐵
人團」

2013年由愛跑、愛玩鐵人的成員創
立，以跑步和騎車皆不累為宗旨。目
前擴展到百人大團，於市區舉辦團
練，透過熱氣球、黃鴨等活動讓跑步
充滿樂趣。團員齊心努力參與賽事挑
戰，入團後陸續達成初半馬、初鐵人
等目標。

12 #鐵人

高雄鐵人

集合地點：國道10號下的路口觀音山
方向
固定團練時間：週六6:30自行車團練
大社
聯絡管道：FB私密社團「高雄鐵人
Kaohsiung Ironman Team」、
網站www.kh-triathlon.com

1999年由孟亞輝和譚勵平創辦，追
求鐵人三項成績，凝聚鐵人家庭。
2002-2004逐漸增加成員，2006首次
參加國內226公里超級鐵人賽，定名
「高雄鐵人隊」。團員共同參與國內
外各賽事，包括春秋冬季鐵人賽，夏
季龍舟、恆春搶孤。

13 #跑步

阿公店長跑協會

集合地點：高雄市燕巢區金山道院
固定團練時間：每月1次5:30-9:00
聯絡管道：FB公開社團「A.G.D阿公店長跑協會」

協會成立於2000年，前身為大崗山長跑俱樂部，由喜愛在燕巢區阿公店水庫堤跑步的跑友組成。移師岡山農工操場後，在蔡清洲老師、歐忠炎教練及張哲煌理事長指導下成績出色，會員穩定增加。

14 #跑步

高雄市鳳山慢跑協會

集合地點：澄清湖大門口後階梯
固定團練時間：每月1次7:00-10:00
聯絡管道：FB公開社團「高雄市鳳山慢跑協會」

1991年12月14日成立，隔年以「鳳山慢跑協會」立案，2011年改為「高雄市鳳山慢跑協會」。訓練地點包括澄清湖、大樹東照山、茂林藤枝林道，團員連續4次在泰雅森林馬拉松中傲視群雄，團內更有超過20位全馬3小時的選手，大賽參與超過百人。

15 #跑步

高雄市澄清湖友緣慢跑協會

集合地點：澄清湖大門口後階梯
固定團練時間：每天5:00-6:30（週一除外）
聯絡管道：FB公開社團「高雄市澄清湖友緣慢跑協會」

以澄清湖為基地，除週一休園之外，每天清晨5點在園內慢跑，週六跑完會共進早餐，並舉辦團練、健康講座和志工活動。目標健康與交友，不著重速度及馬拉松達成數量。

16 #跑步

高雄夜跑團

集合地點：週一世運主場館、週二 愛河之心，週四輪流於衛武營公園、鳳山體育場、高雄美術館、高雄大學等
固定團練時間：19:40-21:20
聯絡管道：FB粉絲專頁「高雄夜跑團」、FB私密社團「PTT高雄夜跑團KNRC」

開放式跑團，以網路社群上號召的跑步族群為主。特色包括：團練依跑速分4組；免收費，採樂捐制；不定期賽事團報；團練隨喜參加。

17 #跑步

旗山蕉愛跑

集合地點：旗山國中
固定團練時間：週三16:00-19:00
聯絡管道：FB公開社團「旗山蕉愛跑」

高雄市旗山區最大的跑團，一群愛跑步的同好組成，不分年齡職業。歡樂跑團，部份成員以破PB為目標，同時有野跑團練，訓練路線於FB公告。

18 #鐵人

伊果鐵人團

集合地點：東港大鵬灣橋停車場、旗津福興宮
固定團練時間：週六、日7:00-11:00
聯絡管道：FB私密社團「伊果鐵人團」

伊果是個能夠全家一起快樂運動的社團，以使用者付費的方式運作，完全不收團費。舉凡任何活動包括團練、旅遊、親子活動，都鼓勵團員能攜家帶著來參與，所以強大的大嫂團也是伊果特色之一。

19 #單車

KMCC高美車隊

集合地點：不定，柴壽山、黃金海岸、霧台神山、水底寮、大鵬灣、六龜茂林
固定團練時間：平日於丸鐵室內功率訓練，每月2次週末約騎
聯絡管道：隊經理郭修森LINE ID：willy934719

「KMCC」（Kaohsiung Museum Cycling Club）的成立初衷是以單車運動為核心，以家庭經營為理念，結合各行各業優秀人士，建構一個愛騎車的友善環境。每年10月的「4天環島」已成為車隊傳統，從出發前的規律訓練，到4天騎乘中克服各種困難，都能體現出參加者對設定目標負責任的態度。
車隊依程度分2組：
逍遙組（吃雞小隊）—— 每次騎乘60km內，吃喝玩樂性質；
競賽組（佛光小隊）—— 每次騎乘100-200km，以上凸台為目標。

20 #跑步

醫護鐵人高雄夜跑團

集合地點：高雄光榮碼頭輕軌站站台前
固定團練時間：週二19:30-21:00
聯絡管道：FB粉絲專頁及官方網站名
稱「醫護鐵人」，LINE@官
方帳號：@wrz2678x

以台灣最美夜跑路線聞名。自光榮碼頭站起跑，即可見地標高雄流行音樂中心；在海風徐徐的堤岸跑步，除了能欣賞海巡署船艦與郵輪，全台首座旋轉橋「大港橋」、棧貳庫KW2旋轉木馬為最大亮點。團練路線上有輕軌站，方便疲勞者返程。親民的分組讓新手、老手都能參與。

21 #跑步

屏東縣潮州慢跑協會

集合地點：潮州天台寶宮
固定團練時間：不定時，每月1次
6:00-9:00
聯絡管道：FB公開社團「潮州慢跑協
會」

成立近35年，1988年「潮州慢跑俱樂部」舉行成立大會，隔年主辦屏東越野賽，更名為「潮州慢跑協會」，2018年再更名為「屏東縣潮州慢跑協會」。會員年齡自20-90歲都有，是一個歷史悠久的跑團。

22 #單車

KCP高雄市自行車運動推廣協會

集合地點：按當次約騎地點而定，詳
情見粉專→活動
固定團練時間：每週2次或以上
聯絡管道：FB公開社團「KCP協會官
方活動區」、FB粉絲專頁
「Kcp高雄市自行車運動推
廣協會」

高雄市最具規模的自行車社團，主要有以下活動：年度官方大型活動、週休假日約騎、平日夜騎訓練、自行車技能培訓、社會公益活動。

PART 2
跑步騎車知識講堂

跑步訓練

開始 ⟩ 跑步裝備挑選 × 陳彥良

女力專屬：如何美美運動 × 李詹瑩

維持 ⟩ 課表安排 × 江晏慶

維持 ⟩ 跑姿改善 × 李翰軒

轉換 ⟩ 給轉戰跑步的單車騎士建議 × 何航順

騎車訓練

開始 ⟩ 單車裝備挑選 × 陳彥良

維持 ⟩ 課表安排 × 黃柏青

轉換 ⟩ 給轉戰單車的跑者建議 × 李翰暄

身心障礙者訓練

給初學的身心障礙鐵人與協助夥伴小提醒 × 姜義村

海外參賽注意事項

還沒下場就失格？以日本館山若潮鐵人三項賽為例
× 陳彥良

開始 >>>

跑步裝備挑選×陳彥良

記得我在參加過60餘場耐力賽事後的某天，手機跳出人生第一次參加路跑賽的照片，仔細一看差點沒噴飯！照片中的自己不僅一看就知道是菜鳥跑者，更像一位跳街舞的人亂入賽場。跑步久了，往往可從裝備看出他人是不是專業的跑者。並非穿得夠帥、夠美、或是夠貴就是專業，重點在於挑選適合自己的裝備，這也是本文的主軸。當然，如果實用性能兼具美感，那更是兩全其美了！

挑選跑步裝備，首先建議考量舒適度與實用性。總體來說，包括裝備性能（鞋子尺寸、鞋楦大小、產品主打功能、服飾散熱及排汗性能）、重量、耐磨擦（褲檔、腋下、領口、襪子），以及安全性（亮色系及反光條）等4個面向，以下分品類說明。

跑鞋

跑步的各種裝備中，花費最高也耗

損最頻繁的通常是跑鞋。要切記，對跑者來說沒有「絕對適合」的跑鞋，只有「相對合適」的跑鞋，因為隨著速度強度的不同、跑姿差異，甚至賽道地形的需求，都會有對應其性能的跑鞋。

不過，即便跑鞋科技與材質越來越多樣化，掌跟差[※]的跑鞋結構仍可做為跑鞋分類的基本原理。

通常依據腳弓的高度，可將腳掌差分為差大（高拱）、中和、差小（扁平足）3個級距，大小差異影響穿鞋的舒適度和步態。不適合的鞋款可能導致不適和傷害；相對地，選對鞋款有助於提升

跑步效能、減輕壓力、預防傷害。建議在專業店家進行足部分析，以選擇最適合的跑鞋。可見下表一般掌跟差的數據範圍和選鞋參考。

跑褲

建議大家盡量避免有導致摩擦甚至燒襠風險的裝備。因此，無論是緊身褲、壓縮褲、附內襯的飄褲，或是三鐵服，只要穿適合自己的跑褲，就一律不用穿著內褲。

對於較常從事鐵人三項運動的朋友，可能在練跑及參賽時選擇穿三鐵

掌跟差	跑鞋厚度	舉例
大（高拱，15mm以上，腳掌與地面接觸面積較小）	前相對薄，後厚，整體偏厚	慢跑鞋、越野鞋（特殊黃金大底Vibram® MegaGrip®的Merrell MTL Long Sky 2）
中（10mm-15mm，腳掌與地面的接觸面積均勻）	坊間的跑拖款式多樣，但整體偏薄	跑拖（母子鱷魚跑拖）
小（扁平足，10mm以下，腳掌與地面接觸面積較大）	前薄，後也薄，整體偏薄	路跑鞋、三鐵跑鞋（三鐵用跑鞋因應單車後接跑步，會不穿襪子直接穿上跑鞋，所以通常主打排水與透氣性佳布料、特殊車線可以不穿襪子、免綁鞋帶可快速穿上等特性）、馬拉松鞋、赤足五趾跑鞋、越野鞋
	前厚，後也厚，整體偏厚	新式設計鞋款（強調緩衝與輔助節省能量的NIKE ZoomX鞋款）

[※]掌跟差（Drop）：又稱足跟差，即跑鞋「腳掌」與「腳跟」的高度落差。
[※]以上表格數據範圍僅供參考，實際腳型因個體差異有所變化。

服，我也習慣如此，主因三鐵服的耐磨擦以及排汗度極佳，加上連身設計避免了褲檔在運動中鬆脫的可能性。重點是，穿上緊身的三鐵服讓身材一覽無遺，可以變向警惕自己維持身材。

太陽眼鏡

太陽眼鏡雖然是選配裝備，但兼顧美感與實用，是練跑和比賽時的好夥伴，因為無論男女老幼戴上太陽眼鏡，就格外地帥或美，更能幫助你跑到後段表情猙獰時達到「遮醜」功效。

很多人以為只有在晴天才需要戴太陽眼鏡，其實陰天也有紫外線，如果眼睛長時間在紫外線暴露下，有機會導致角膜結膜表皮損害、視網膜黃斑部變性、翼狀贅片、白內障，甚至是眼瞼癌、惡性黑色素瘤等。所以，運動全程配戴太陽眼鏡格外重要，可參考以下美國眼科醫學會針對太陽眼鏡的挑選提供的6大建議：

1. 產品標示100％ UV（紫外線）Protection（防護）。
2. 依據需求挑選不同顏色的鏡片。鏡片顏色不會過濾更多的可見光，但能增加顏色的對比，例如灰色鏡片較不會改變看到的顏色，而黃色鏡片可以增加顏色對比度，透明鏡片則適用於較

多遮蔭、視野不佳的越野跑。
3. 鏡片顏色須適當，並非越黑越好。阻擋紫外線功能跟顏色沒有絕對關係，主要取決鏡片的光學設計。
4. 選擇鏡面遮蔽面積較大的太陽眼鏡。
5. 價格不等於一切，主要是看有無相關抗紫外線標示。
6. 防眩光與阻擋紫外線是兩回事，防眩光的鏡片用於水上或冰面活動，至於有沒有抗紫外線則要看標示。

全身裝備挑選重點

全身各項裝備的選擇，須因應不同賽事類型而改變。例如我參加馬拉松、越野跑，以及鐵人三項跑步項目時，雖然都是在跑步，但在挑選裝備的著重處有所不同。請參考右頁以裝備性能為主要考量的整理表格。

最後提醒，因應參加海內外各地賽事的天氣不同，面對寒冷氣溫時，可考慮洋蔥式禦寒穿著法。例如我曾參加舉辦於2月份的日本熊本城馬拉松，等待開跑當下氣溫直逼攝氏零度，開跑前穿了3件衣服外加1件可拋棄式雨衣保暖；待開跑後，可丟棄至起點柵欄旁讓大會回收；當跑了3公里後，身上僅剩下一件三鐵服，其他的輕便薄外套便綁在腰間。

		馬拉松（全程、半程）	越野跑	鐵人三項
帽子	老手建議	主要功能為散熱及遮陽，可選擇中空帽	帽子有機率被障礙物擊落，可選擇頭巾	考量單車直接轉換至跑步，可選擇頭巾或止汗帶
	推薦品牌	ZOOT	BUFF	BUFF 或 Nike
眼鏡	老手建議	馬拉松時間較長，選擇抗紫外線效果較高的款式	鏡片透明廣角、包覆性高的為佳	可從單車到跑步項目佩戴同一副太陽眼鏡，但不同賽程需要考慮到日落時間
	推薦品牌	ZIV	ZIV	ZIV
上衣	老手建議	三鐵服或是吸濕排汗佳的背心為首選		
	推薦品牌	ZOOT、Nike、adidas	ZOOT	CCN
褲子	老手建議	考量摩擦及輕量化，建議選擇專業短跑褲（不用再穿內褲）、三鐵褲或是連身三鐵服	避免刮傷或割傷，可選擇壓縮長褲或三鐵服搭配小腿套	考量轉換區換裝需額外時間，建議全程穿著三鐵褲或是連身三鐵服
	推薦品牌	ZOOT	ZOOT	CCN
背包或腰包	老手建議	考量摩擦、散熱、輕量化，以腰包為主	考量補給站間隔較遠，可選擇水袋背包	腰包即可，因為三鐵賽的跑步段皆有補給站
	推薦品牌	COMPRESSPORT	ZOOT	COMPRESSPORT
壓縮腿套	老手建議	選擇跑步用的壓縮腿套時，建議選壓力單位毫米汞柱（mmHg）為15-20 mmHg以上的產品，有助提供適度的壓縮，促進血液循環和肌肉支持，提升運動效能。材質則選排水性佳及耐磨，以因應水中或山中環境		
	推薦品牌	LP SUPPORT		
襪子	老手建議	耐磨、包覆性、緩震的輔助效果，以及吸濕排汗為重點功能		
	推薦品牌	INJINJI印金、LP SUPPORT五趾襪		
鞋子	老手建議	鞋楦、掌跟差及參賽距離的長短是挑選的重點	包覆性、排水性及大底越野設計	穿脫容易、透氣排水為重點功能
	推薦品牌	MERRELL MTL Long Sky 2(跑馬拉松有在用這款越野鞋嗎)	MERRELL BARE ACCESS XTR	MERRELL Moab Flight Sieve
運動手錶	老手建議	重點在電池續航力、GPS定位準確性和佩戴舒適度	應對多變環境，耐水、防震、電池壽命是重要考量	耐水性、多種運動模式和長續航力是關鍵
	推薦品牌	Garmin、Polar、Suunto、COROS	Suunto、Garmin、Casio、COROS	Suunto、Garmin、Casio、COROS
防磨膏	老手建議	坊間商品試用後效果皆差不多，建議經濟實惠即可		
	推薦品牌	迪卡儂		
手套	老手建議	不需	具有防切割、止滑耐磨功能的防割手套	不需
	推薦品牌	無	3M EN388	無

開始 >>>

女力專屬：如何美美運動╳李詹瑩

> 美美地運動追求的不只是外表！其實是一種提高自己身體素質很好的方式。跑步與騎車不僅是身體的運動，也是心理的運動，塑造好身材同時也能提升自信心與幸福感。在此，我針對女生們的需求，整理出跑步和騎車訓練較通用的主題。

跑步時該怎麼完美防曬？

多數訓練時我不會上妝，如果在早晨4:00-5:00訓練，甚至連防曬油也沒擦，但如果當天的訓練內容會長時間在太陽下曝曬，就應做好防曬。

如果可能長時間曝曬，我會選擇物理性防曬搭配化學性防曬，外出運動前15-30分鐘先擦防曬油，並盡量穿長褲搭配運動襪，避免色差，也免於補擦腿部防曬的麻煩。另外，臉及手臂擦上足夠的防曬油後，穿戴上鴨舌帽和太陽眼鏡，不僅有效遮陽也可以保護眼睛。雖然物理性防曬完整，但我仍會每2小時補一次防曬。

至於防曬油的選擇，質地可挑選自己喜歡且適合的，功能則可選防曬係數SPF 50+、防護指數PA++++。SPF越高代表阻隔UVB的能力越強，可避免皮膚被紫外線UVB曬紅、曬傷；PA的+號越多則是對UVA的防護效果愈佳，最高指標到4個+號。如果妳像我一樣常常從事戶外活動，如登山、游泳、馬拉松等，為了避免防曬乳因汗水流失，選擇抗水性佳的防曬乳比較合適，例如安耐曬ANESSA 金鑽高效防曬露N（4X版）。

最後要提醒大家一個不能忽視的重點，在做任何防曬之前，平常就要做足保養、保濕。因為如果肌膚保水度不夠、角質不平整，就更容易受到紫外線的傷害！

如何挑選適合自己的運動內衣？

一般運動內衣分為低、中、高強度，這裡的運動強度是依照「身體晃動」的激烈程度訂定，而跑步屬於高強度。運動時，胸部的晃動是造成乳房懸韌帶受傷的主因，無論胸部大小，都可能會因此撕裂受傷，造成形狀、組織走樣，對哺乳也會造成傷害。

如果是高強度運動，建議選擇A、B、C、D尺寸制的運動內衣，建議肩

💗 **個人經驗分享**

如果覺得高強度運動胸罩還不夠力，我會在胸部上再貼Joy Up隱形美胸貼做拉提支撐，材質透氣有彈性，可以減少胸部晃動，更有安全感。

帶較寬，胸部兩側、下緣以及背部皆能夠完整被包覆住，並具有抗震、減壓機能。不只更舒適、安全，也能更專注在目標表現上。

頭髮該怎麼整理？

這裡針對長頭髮的女生，馬尾是最簡單方便的整理頭髮方式。我本身髮量較多，會直接戴鴨舌帽並把馬尾穿過帽子後緣，讓帽子支撐馬尾，這樣頭皮比較不會有壓力。

如果頭髮較長且髮量多，可以考慮編成辮子或花式編髮，這樣能將頭髮更整齊地固定住，較不會甩來甩去影響跑步訓練。像我常在鐵人三項比賽時使用簡單的花式編髮，頭髮較不容易被風吹亂。最後，可以使用髮帶作為輔助，除了能固定頭髮之外，更可以避免阻擋視線或汗水黏在臉上。

努力運動時如何拍出美美照片

★笑！不論是微笑或大笑，跑步的時候臉部肌肉不能放鬆。因為跑步是動態的運動，只要你臉部肌肉一放鬆，就非常有可能被攝影師剛好捕捉到老30歲的瞬間。

★配件很重要，帽子跟太陽眼鏡是拍照好夥伴，可以選擇一頂適合的帽子或是太陽眼鏡，不僅可以避免頭髮亂飛，更可以遮陽防曬。

★跑姿正確、核心用力，千萬不可以彎腰駝背和聳肩，再累看到鏡頭也要撐下去！

★因為賽道攝影師通常使用大砲鏡頭，在攝影師前20公尺左右就要開始把自己的最佳狀態整理好。

綜合以上，其實就是開心運動，努力把身材、跑姿練好，穿上最適合自己的衣服，看到攝影師時熱情的打招呼，妳就會有VVVVIP的美照了！

簡單的花式編髮，頭髮較不容易被風吹亂

拍出美美的照片重點是「笑！」

維持 >>>

課表安排 × 江晏慶

> 訓練的設計就像蓋房子的建築工法，我們希望蓋出高聳入天的101大樓，或是雄偉的衛武營歌劇院，都有不一樣的做法。相同概念，在跑步訓練中，準備不同距離項目的比賽，身體所需要的特質也不一樣。10公里路跑需要很好的無氧系統與速度，幫助我們可以跑得更快、在高心率之下依然維持很好的配速；全程馬拉松則需要強大的有氧能力，讓我們可以節省能源，有效率地向前行。本篇我將分享如何規劃跑步訓練，期待能夠幫助你一步一步向巔峰邁進！

什麼是週期化訓練

上一段分享到，訓練好比蓋房子，如何能形塑成我們理想的樣貌，「工法」很重要！要先做什麼、後做什麼，每個不同的階段有不一樣的訓練標的、以及預期產生的結果，這就是週期化。訓練法如果無法預期結果、無法量化、不能被複製，那就只是沒有理論根據的個人經驗談而已。

量化強度的方式

量化「強度」是規劃週期化訓練的基礎，一般常見的量化方式有：自覺強度、最大心率、儲備心率、各比賽距離配速／強度區間等等。不同的強度區間，對於生理的刺激和產生的效果都不一樣，但無論你採取哪種量化方式，我認為提升個人對於「自覺強度」的敏感度，也就是資深跑者口中的「體感」，是相當重要的！

數據化可以幫助量化與紀錄訓練狀況，但穿戴裝置難免有誤差，而且有些影響表現的因子是難以量化與精準量測的。透過每一次認真專注的訓練、感受不同課表中身心靈的狀態，搭配即時與訓練後的數據分析，能夠幫助我們掌握體感，更了解數據背後的意義。

考量到不是每位跑者都有GPS或心率錶，本章節主要採用Jack Daniel博士的訓練區間，輔以「各距離比賽配速／強度」作為量化強度的指標，見右圖。

▶「配速」與「強度」的區別：

- **配速**：最容易量化的數據，在「很穩定」的環境下，例如沒有起風的平坦河濱田徑場，配速能夠幫助我們順利的在目標時間完成挑戰，但在逆風環境或山路跑，配速僅能作為體能狀態的參考。

- **強度**：指「耗力程度」，比較的基準是自己當下的體能狀態，在環境變因不穩定的情況下，無法透過配速來分配體能時，我們會以體感強度（或以心率）作為訓練強度的設定。

強度區間	解釋	各距離比賽配速/強度
E（輕鬆跑強度）	不感覺到辛苦的輕鬆跑。生理學上的定義為最大攝氧量的59%-74%	熱身、恢復跑
M（馬拉松強度）	馬拉松比賽的配速／強度。生理學上的定義為最大攝氧量的75%-84%	馬拉松
T（節奏跑／閾值強度）	該強度跑起來狀態是「有節奏的快跑」，不同能力的跑者能持續的時間為20-60分鐘。定義為最大攝氧量的85%-88%	5-10km
I（間歇強度）	定義為最大攝氧量的95%-100%。強度水平是進行訓練的重點，一般來說在這樣的強度下很難維持超過5分鐘	800m-2km
R（反覆跑強度）	全力快跑的強度，每次反覆跑的時間少於2分鐘	<500M

參考資料：Jack Daniel's Running Formula

常見的週期規劃

週期化訓練的模組，因應選手的最終目標設定、以及選手本身的特質會有很大的變化，這裡分享一個常見的訓練模組給大家，各位可依照自己的狀態做調整。我們將訓練的大週期分為：「準備期」、「基礎期」、「強化期」、「巔峰期」、「調整期」，依照每位選手的目標與特質背景不同，週期的時間長短也不一定，一般最短是3個月，最長到一整年的計畫都有可能。為了使訓練更有彈性，在大週期當中，會安排4-5週為一個單位的小週期，做訓練狀態的微調與恢復工作。

小週期的意義

體能訓練的成長是基於「超負荷原則」，理想的曲線是呈向上發展的波浪狀，當然，通常不會剛好在理想狀態上，訓練量不足則刺激不夠，沒辦法讓我們因超量負荷而體能提升。相反的，過度訓練會讓身體來不及恢復，破壞大過於重建的結果可能導致受傷。

我建議在大週期當中刻意安排減量恢復週，讓身體能夠得到恢復休息，預備下一波訓練週期的開始。

舉例來說,若以4週為1個小週期單位,每週跑量的增幅為10%-15%,前三週在超負荷原則下,週跑量可以是50、55、61公里;第四週安排恢復週,跑量規劃為45公里;第五週是新的小週期開始,可以從55-61公里開始計算。

了解週期化訓練的意義與注意事項之後,讓我們正式來看看如何規劃跑步的週期化訓練吧!

準備期:恢復、力量與平衡

「準備期」顧名思義是要為接下來漫長的訓練週期做準備,做哪些準備呢?包含技術、心理、健康、身體結構平衡、力量訓練等等。準備期的長短會因為個人的體況與特質而有所變化,通常越頂尖的選手準備期越短,因為他們的肌力與技術都有一定的水平,加上對於恢復的觀念比較好,一般來說身體比較平衡。

準備期是相當重要且一般人容易忽略的週期開端,如果你身上有傷,那就需要在這個週期中努力地治療與復健,訓練才可能往下走。又或者是一些基礎體態與平衡上的健康問題,可能不至於會引起疼痛,但運動過程中會卡卡的、

準備期的力量訓練,建議沒有基礎的跑者先從徒手肌力訓練開始,並關注身體的流動與平衡

或特別容易局部痠痛，這類問題也要在準備期當中處理好。

如果不知道從何處著手，建議尋求教練、物理治療師或醫師等專業上的協助。沒有良好健康的體況，是不可能有長遠的訓練計畫的。

力量訓練的主題「水很深」，很難三言兩語分享完成，就筆者的教學經驗，建議沒有肌力訓練基礎的跑者們，先別急著進健身房扛重量來訓練，先從徒手肌力訓練開始。除非你有受傷，不然不建議將這部位肌肉拆開來練，要在訓練中關注身體的流動與平衡，「一動而周身動」，才能將肌力轉換為跑步用的上的「力量」。

基礎期：E、M 85%　I、R 15%

有氧耐力的建構是基礎期的訓練目標，主要的訓練強度為E和M強度，建議要占總訓練「時間」的85%，另外15%的時間進行I與R強度的課表，目的在於降低大量有氧課表對於速度鈍化的影響，以及提高跑步的節奏感，並非真的要針對乳酸系統進行強化。

基礎期的長短視目標賽事的距離而定，距離越長的比賽，基礎期越重要、安排的時間越長。至於如何循序漸進地增加週跑量，可以參考前文「小週期的意義」。

強化期：E 65%、T 20%、I 15%

基礎期有氧耐力的刺激能夠幫助我們建構更好的循環系統硬體，使微血管密度增加、提升粒線體的效能、脂肪作為燃料的使用率等等，這是耐力跑步最重要的基礎。在這基礎之上，我們就可以來發展速度。

在強化期當中，一週的強度區間時間所占比例，建議E強度約占65%、T強度約占20%、I強度約占15%。

T強度課表是整個強化期中的核心訓練，代表性的課表是5-12公里的測驗，我們能夠從中知道自己的進步狀況以及弱項，並予以強化。同時，週末LSD或長距離法特雷克跑依然要持續進行，讓我們能夠維持良好的耐力水平。

強化期的長短與目標賽事的距離成反比，越是短距離偏無氧系統的比賽，強化期越重要！若是針對226公里超鐵，那麼強化的發展重點則會在於提高跑步的經濟性與節奏，I強度的訓練比重會更少一些。

巔峰期：每週 2 次比賽節奏訓練

巔峰期通常在比賽前1.5個月左右，目的在於銳化、提升比賽的跑感，讓身體更適應比賽的節奏、能量系統運作、補給、疲勞感等。因此除了輕鬆跑課表之外，建議一週安排2次的比賽節奏訓

備賽鐵人三項如果一天兩練，建議游泳安排在前，跑步在後

練，可以持續跑的方式進行，也可以用反覆跑、間歇跑的方式進行，強度設定就是目標比賽的強度，並開始模擬比賽情境，包含配速、路線環境、補給、裝備等等。

要特別注意的是，這個週期很容易發生運動傷害，原因不是強度或量太高，而是若運動員在前兩個週期沒有做好恢復，疲勞累積到這個週期，隨著能力提升、課表質量增加，不小心就受傷了。因此真心建議無論哪個週期都要做好恢復工作，而不是一味追求質與量。

調整期：減量每週 10%-15%

比賽前2週進入到調整期階段，做最後的恢復與身心靈準備。調整期相當關鍵，若安排得不好，很容易功虧一簣。其中最重要的原則就是「過去沒做過的事情不要做」，例如食物、飲食調整、訓練課表、按摩放鬆的方式等等，最好都是要在更早之前就嘗試過沒問題，才能在調整期來操作。

如果你是規律訓練的選手，我建議的減量方式同樣是一週10%-15%（包含比賽當天的距離），慢慢減量可以幫助維持體能，強度則以輕鬆跑與比賽配速

為主，比賽配速的課表可以反覆跑的方式進行，中間給予較充足的休息時間。假設目標賽事為全程馬拉松，調整課表可安排為：2km *4, MP, R: 3'00"全休[※]。並在訓練之後積極補充碳水化合物，提高肌肉內儲存的肝醣總量。

鐵人賽事中的跑步訓練注意事項

單車騎乘的能力，決定跑步是否能夠正常發揮，因此在三項訓練中，針對弱項強化是必要的。轉換的練習也應該安排在強化期、巔峰期當中，讓身體適應肌群轉換的感覺。

在標鐵的訓練中，I、T強度的訓練也經常安排於單車訓練轉換之後，距離約2-5公里，目的在於提升肌群轉換的能力。此外，在三項的訓練搭配中，筆者個人經驗是，如果一天兩練，建議游泳安排在前，跑步在後，比較能降低游泳時抽筋的狀況，也更符合比賽順序。

[※]2km *4, MP, R: 3'00"全休 ：以馬拉松強度區間的配速跑2公里，重複4組，組間原地靜態休息3分鐘。

維持 >>>

跑姿改善╳李翰暄

> 建立正確的跑步動作觀念，對於每
> 位跑者來說都十分重要，因為長期
> 動作錯誤，累積下來容易造成運動
> 傷害，甚至中斷了運動計畫。本篇
> 為大家介紹4大你不可不知的跑步
> 姿勢重點技巧。

上半身

- 頭擺正，直視前方約30公尺處，保持頸部放鬆。
- 避免看著地板跑，帶給胸鎖乳突肌過多壓力，導致呼吸肌群受到影響。
- 肩、頸部放鬆避免聳肩，上半身在跑動過程中須保持穩定。
- 手臂擺動方式，上擺至胸口、下擺至腰際，保持自然前後擺動。
- 上坡時可以加大擺動，下坡時可以縮小擺動，放鬆手臂以協助前進。

呼吸節奏

- 呼吸要配合步速，穩定有韻律地換氣。
- 慢跑採用鼻吸嘴吐、快跑則用嘴吸嘴吐。
- 使用兩個短吸一個長吐，或是兩個短吸兩個長吐的呼吸節奏來跑步。
- 高強度訓練可採一吸一吐的節奏。
- 適當伸展上半身，增進呼吸肌群使用。

軀幹

- 保持伸展向上及微前傾的姿勢。
- 腰部穩定隨著前進的節奏，放鬆自然地律動。
- 髖關節要微微上提。
- 髖關節放鬆，以幫助下肢做協調的跨步動作。
- 保持骨盆臀部穩定，避免翹著臀部及左右搖晃。

下半身

- 以全腳掌中足著地，重心轉換到另一腳的前端上，穩定的接觸地面。
- 腳盡量接近地面，無須騰躍過高，接觸地面時，膝蓋應保持微彎。
- 落地時腳掌應往身體下方延伸，避免向前跨步導致腿部壓力過大。
- 膝蓋勿抬太高，邁出步伐時，膝蓋應向前抬起，而非向上。
- 以小步幅搭配高步頻，較能持久達到運動時間。

轉換 >>>

給轉戰跑步的單車騎士建議╳何航順

跑步是人類最古老的運動，單車運動卻不是。還記得小時候學騎車嗎？單車騎士，手握著下把，弓背彎腰，如馬兒奔跑，也如爬行。身為單車騎士數十年的長期習慣與方法，在轉戰跑步上得到某些啟發，在此分享。

挺胸跑步與彎腰騎車姿勢以外還差在…

到底跑步與騎車有甚麼不一樣？挺胸跑步與彎腰騎車的姿勢，外在看來確實是兩回事。

深蹲動作是騎單車踩踏基礎。記得剛開始練單車時，老教練要求我每天做200下深蹲，因為蹲站動作所運用到的肌肉，與踩踏所使用的肌肉非常類似。至於跑步，跑者重視的核心肌群穩定與特訓的臀肌，與騎車所運用的肌肉非常類似，但實則不然。

舉例來說，在從事10年單車專業訓練後，高雄馬拉松是我的初馬，深刻記得我到了第38公里，由於長時間的跑步造成腿部肌肉逐漸疲乏，腿部的肌肉與關節就像被用生鏽的刨子削著一樣。以往我可以連續騎乘6-7小時，穩速200公里；但是，3個多小時的馬拉松配速，卻發生明顯的身體疲勞與配速下滑。

這讓我學到一課：從事單車運動所具備的長時間有氧能力水準，已遠高於自身的肌肉與結締組織。結締組織如骨骼、肌腱、韌帶、軟骨與筋膜等，需要更多的時間來適應跑步的衝擊與強度。

簡單來說，單車騎士的身體需要更多的時間與訓練，來適應跑步的衝擊，因為跑步對身體的負荷與刺激更大。

轉戰跑步的 3 步訣竅

一心想要成為越跑越強的跑者，我買了跑步的初學書，也請教同車隊的馬拉松專業選手，就像是初學單車，準備著人生第一場公路自由車賽似的心情。

到了馬拉松路跑用品專賣店，我買了適合自己訓練目的的跑鞋，穿起來方便跑的跑褲，就像挑選第一台適合自己身材尺寸與騎乘水準的車架。不是要參加全運會，也不是要在萬金石馬拉松的第一配速區間，我只是開始對跑步有著一股熱情，希望跑得更遠、更快且無傷。我想成為一位真正的跑者！

第一步：跑步技術

有關跑步技術，羅曼諾夫博士的姿勢跑法，我第一次是2007年在《鐵人三項訓練聖經》一書看到的。到底是腳跟著地還是腳掌著地？每位跑者爭論不休的問題，外人或許覺得有點可笑。在

2010年《天生就會跑》從人類演化的角度，透過墨西哥的跑步狩獵族人的故事說出「腳掌著地」是人類雙腳的特性；但在跑鞋陳列架上，專門以腳跟著地的輕而堅固的跑鞋也不少，這又是為何？

「在陡坡上站起來抽車（Dancing），我僅是在單車上跑步」從小練田徑的環法賽自由車職業選手麥可伍茲說。

為了克服長坡，在踏板上跳舞的站姿抽車，給單車騎士對於良好的跑姿產生了啟發。有如抬頭挺胸的環法冠軍選手的姿態，下顎、肩膀與髖關節的鉛直對齊；髖骨、肩膀、膝蓋與踝關節向前的動作；收小腹；面部表情與雙手的輕鬆擺動。

雙腳步頻180是傑克·丹尼爾博士觀察與記錄長距離與馬拉松菁英跑者的結論。他強調，步頻要維持在每分鐘180步，最重要的理由在於減少落地衝擊。就像是我初學公路車的那一天，前輩跟我說：「先練踩踏，目標迴轉90下。」單車計算單腳迴轉90下，也就剛好等於跑步的雙腳步頻每分鐘180步。

「很多時候，只要專注於達到步頻每分鐘180步，就自然能變成輕巧的跑法，就不必刻意強調要用腳掌哪邊先著地了。」丹尼爾跑步博士補充說明。

實地操作高步頻，讓單車騎士的身體適應出一套屬於自己的關鍵跑姿，如羅曼諾夫博士的姿勢跑法，注意到腳上腳下的垂直動作，而不是跨步前後擺盪，如同站姿抽車，左右體重輪流放到單車踏板上。高步頻的輕巧，也讓我了解到最小化支撐時間，就像是高迴轉踏頻的踏板回彈力道，越快回彈。最終，

透過高步頻，有效減低了跑步垂直震動

透過高步頻，有效減低了跑步垂直震動，無傷又更快的跑步技術就逐漸成為我的身體記憶。

額外，我也透過馬克操，發現不只跑步變輕巧，步頻能隨心所欲地達到更快的200步，連小時候最不擅長的跳繩，也上手上腳地順暢多了。嗯！真美好的感覺。

第二步：訓練調整

評估自己能夠投入多少訓練時間，而不是累積的公里數。

過去，我每年可用600小時練騎，現在只有300小時，每週平均不到6小時。選手都有一種迷思，以為練愈多成績會愈好，其實練愈多，造成慢性傷害與過度訓練的機率愈高。專業教練針對初馬所開的課表，每週平均僅5-6小時操課，這的確打破我原本對高跑量的認知。

訓練有目的，無論對單車騎士或跑者都同樣適用。

我轉戰路跑的目的是參加一般市民分齡馬拉松、兩鐵與三鐵比賽，而在踏入路跑領域之後，才發現單車與跑步的訓練目的乃至訓練文化，也有相當大的差異。在單車的外騎訓練中，車友們很習慣加入中途的咖啡時間Café Break，這是一種單車文化，咖啡時間囊括了很多停下車、沒有訓練的空白，是一種訓練

中的轉換。然而跑步沒有這種文化，要不就跑、要不就休息，像瑞士機械錶報時精準。

有關訓練調整，我要做的事就是把訓練時間減半。反過來說，因為練跑是更要求效率的，課表內容的強度、頻率、持續時間等3元素調整，就是關鍵。

話說大多數人想轉戰跑步的理由常是運動不足、想要維持身材與瘦身。如果訓練目的只是瘦身，依據運動營養專業，以飲食調整為主，跑步健身的課表為輔，甚至每天30分鐘不到。

第三步：訓練後的加強點

當剛開始轉戰跑步，做完間歇或調整跑步技術的課表，小腿肌肉就會痠到受不了！因為跑步比騎單車對身體的負擔更大，訓練後的收操、按摩與休息，更需要被重視，特別是髂脛束伸展與腿部按摩，是跑步後我更為注重的流程。

單車騎士的習慣是維持雙腿的光滑無毛，刮掉腿毛的好處是按摩。運動後我會立即做伸展，洗完澡，上按摩油按摩腿部。紳士般的歐洲職業車手也有一種潛在的禮貌：雙腿維持光滑，是對按摩師的專業一種尊重。

跑步訓練後除了伸展與徒手按摩，我會再使用按摩球與按摩滾筒，加強自己按摩的成效。例如，光著腳踩著一顆

棒球，按10秒鐘，接著前後滾摩3次；換另一隻腳掌，重複。感覺最痛的位置會改變，我會再加強一次按摩。

跑步最重要的配備——跑鞋

市面上琳琅滿目的跑步配備，能夠影響跑步、引起足部不適的配備，最關鍵的就是跑鞋。美國跑步教父喬治·席翰醫師，在《跑者世界》專欄文章中提到他的經驗與發現，我心中產生一陣共鳴，啊！確實如此，跑鞋最重要。

當鞋底、鞋跟磨損，或者鞋子不能有效固定腳踝的時候，這就是挑選新跑鞋的理由。挑選鞋子最關鍵的一點是選能堅固鎖住腳跟的跑鞋。鞋子是以腳跟為基石所設計，如果不能有效固定腳踝的鞋，就是不適合的鞋。

過去，我在試跑鞋的時候，總是注意腳尖有沒有預留空間、腳背有沒有頂到；現在，當我穿進新鞋時會：

1. 腳跟輕敲地面，以腳尖提起的狀態，將腳跟穩固且沒有縫隙地安置在鞋跟。此時，膝蓋、腳尖、腳跟呈一直線狀態固定住。

2. 維持穩固鞋跟姿勢，將鞋面由下而上，集中托高綁鞋帶，避免鞋面左右鬆弛，立刻體驗是否合腳？

3. 綁鞋帶要特別注意讓腳踝不會前後移動。我是利用最後兩個鞋帶孔做出踝

結。就如同挑選單車的卡鞋時，應該選擇能夠穩固鎖住腳跟的車鞋是一樣的道理。

跑步跟騎車一樣，實踐勝於理論。以上分享給轉戰跑步的你。

參考資料：
《Pose Method 游、騎、跑三項運動技術》尼可拉斯·羅曼諾夫博士等著，臉譜2018
《丹尼爾博士跑步方程式》丹尼爾博士著，遠流2014

開始 >>>

單車裝備挑選×陳彥良

在所有耐力型運動中，單車項目如果要認真投資裝備，花費應該算是最高的。有鑒於要濃縮精華與讀者們進行精闢的分享，本文根據單車本身以及騎乘單車的人身部品兩大分類進行解說。

單車分類

　　單車可依車架幾何與車款，粗分為登山車（越野車）、公路車、三鐵車（空力車）等3大類。本篇不額外針對由以上衍生的公路自由車、Cyclo-cross（CX）越野公路車、Gravel Road碎石道公路車等多加著墨。

價位選擇

　　上述量產車以價位來說，登山車（越野車）、公路車從幾千元到40多萬元台幣皆屬常見；而三鐵車入門款較高，從3萬多到70多萬（Cervelo P5X）比比皆是。如果要問買什麼車比較好？我的建議通常有兩個考量重點：1. 你最常參與的單車賽事類型、2. 預算夠就什麼都來一台（笑）。

　　如果預算有限，又考慮到希望常參加賽事或是約騎，一般人往往先入手公路車，而公路車的性能與價位通常成正比，因此只要設定好價位，就能不難挑選相對應的基礎性能。

　　強烈建議初期接觸公路車且尚未培養出興趣的朋友，只要考慮台幣3萬元以下的陽春車款或30萬元以上一次到位車款就好。原因在於，如果買了3萬元以下的車子卻沒繼續騎，拿去轉賣的折價空間有限，但如果買了中階價位的款式，如果騎不贏人往往會怪罪於車子的配備，東改西改反而讓總成本高於高價位車款。

要買三鐵車嗎？

　　比鐵人三項一定要騎三鐵車嗎？其實全台鐵人三項賽的單車賽道，除了新北微風鐵人賽、LAVA TRI大鵬灣鐵人賽，以及愛河國際鐵人三項競賽之外，70%以上都是丘陵路線；而全台知名的公路車賽如戀戀197、時代騎輪節、KOM系列、美利達系列，以及LIV自行車賽等，80%以上是丘陵甚至山路路線。所以不難發現，連職業選手比51.5公里標鐵時都騎公路車，頂多安裝合於大會規定的空力把，因為在競爭激烈的集團裡，公路車操縱較好，比較安全。而三鐵車礙於車架幾何的設定於山路爬坡較為吃力，這對於一開始為了求帥，僅買了一台三鐵車的我是吃足了苦頭。

3大元件選擇：車架、輪組、變速系統

無論哪一種車款，單車主要都由3大元件所組成：車架、輪組及變速系統（變速＋煞車制動相關，以下簡稱變速系統）。以成車而言，三者的成本通常會呈現正比，少見有一級的車架搭配三級至四級後的輪組及變速系統，而三者通常重量越輕越貴。

影響速度的順序為車架 > 輪組 > 變速系統，但我認為變速系統卻是影響行車安全最重要的一環，因為變速不當容易掉鏈。目前正夯的電子變速也影響了變速效率，特別是三鐵車空力把上電子變速，更是改善了行車安全。

首先介紹車架，材質主要可分為「碳纖維」、「鋁合金」、「鉻鉬鋼」、「鈦合金」等4大類，以前三類較為常見。以下整理4種材質的特色，供大家參考。

碳纖維：在4大類材質中較輕量、造型變化多，通常20萬元以上車種都是碳纖維車架，目前的職業比賽車及中高階車款皆為碳纖維材質。缺點是受到單點衝擊易產生裂痕，同時因為材料與製做過程的差異，造成車架單價有相當的落差，容易魚目混珠，新手較難挑選。

鋁合金：車體輕巧且售價落差大，材質較缺乏彈性，有金屬壽命問題，耐用性比其他合金差。

鉻鉬鋼（鋼管車）：剛性及彈性表現中等，惟較容易生鏽，但吸震力、耐衝擊力優異。

鈦合金：重量可以與鋁合金一樣輕，有鋼管車的吸震性，不容易生鏽且彈性佳，烤漆不易，不容易累積金屬疲勞，但單價貴，最入門的價格高於一般碳纖維車。

除了車架，輪組、變速系統也很重要。在單車的世界裡，每一等級的差別幾乎就是一倍的價差，例如SHIMANO制動系統中，二級ULTEGRA是三級105的一倍價格。以我身為一名非職業選手，比賽目標只求能助人並於完賽前進終點，仍擁有過不少單車，目前還在役的有ARGON18 GALLIUM DISC公路車與E-119 TRI+三鐵車，搭配的分別是ROTOR全套的UNO油壓式制動系統，與SRAM的電子變速系統。我使用的變速系統約莫是二三級，輪組大多是一二級的。實戰感受上，一級車架騎乘時雖然滿足虛榮心，但一級跟二級實際感受上差不多，而輪組建議可直上一級，但建議挑選輪組版寬4公分內即可，碟輪或8公分厚板輪則端看自身的腿力是否能駕馭，否則反而重拖。

制動系統如以純粹一二三級的機械式比較都差不多，若以安全性及手感來看，電變明顯優於機械式。目前市面上

制動系統中的變速裝置約有3類：機械式、油壓式、電子式。在此整理公路車　制動系統常見的品牌及型號：

	島野（SHIMANO）		速聯（SRAM）		Campagnolo		ROTOR
	機械式	電子式	機械式	電子式	機械式	電子式	油壓式
頂級套件	DURA-ACE	DURA-ACE（Di2）	RED	RED AXS eTap	Super Record	Super Record ESP	UNO
二級套件	ULTEGRA	ULTEGRA（Di2）	Force	Force AXS eTap	Record	Record	
三級套件	105		Rival	Rival AXS eTap	Chorus		
四級套件	Tiagra		Apex		Potenza 11		
五級套件	SORA				Centaur		

人身部品

單車騎士身上的服裝及配件絕對與你座下的那台車同樣重要。除了要吸睛，安全性與舒適性也是挑選重點，本篇只著重介紹購置單價較高的前三大項目：安全帽、卡鞋、車服。

安全帽

依照騎乘類型可分為公路車帽、登山車帽與空力帽（三鐵帽），價位上從數百元到上萬元皆有，主要差異在於造型、透氣度、材質和重量，但無論金額多寡，只要通過台灣標準檢驗局的認證標誌CNS，都是符合國內標準的安全帽。常見的安規標準有美國CPSC1203；1998歐盟EN1078：1997+A1：2005；澳洲紐西蘭AS/NZS 2063：1996；日本SG；臺灣CNS13371等。

選購安全帽時，除了確認是否有安全認證外，也必須注意使用年限（一般為3年），通常安全帽的主體材質為發泡聚苯乙烯(Expandable Polystyrene，簡稱EPS)，而EPS的發泡密度決定保護力道，該材質雖然不會被分解，但顆粒間的黏著程度會隨時間而退化，降低保護力。外觀是否有撞擊過的痕跡、內部緩衝材

質是否變形等因素，也必須列入汰換與否的考量。

至於越野帽有特別突出的帽沿設計，是為了避免樹枝等物體刺割傷；而空力帽的一體成型可以將低風阻外，有些空力帽衍伸至臉頰的設計，有助於摔車時避免臉部擦傷。請特別留意，坊間的自行車帽多針對歐洲人頭型所設計，故在配戴上容易產生無法服貼，甚至不合頭型導致頭痛的問題，建議購買前一定要試戴，或可直接挑選專為亞洲人頭型設計的安全帽，如：LAZER的STRADA KinetiCore系列。

卡鞋

卡鞋與卡踏在使用上缺一不可。卡鞋依照騎乘類型可分為公路車卡鞋、登山車卡鞋、三鐵專用卡鞋3種類型。在尺寸上，主要分為EU/US/CM 3種標示方法。選擇時建議除了參考自己目前穿著的球鞋尺碼之外，一定要試穿合腳再買，因為卡鞋跟跑鞋一樣都有寬楦與足弓高低的問題。

購買卡鞋時，必須了解與卡踏系統是否吻合。卡踏主要分為登山車與公路車（三鐵鞋通用）兩種系統，目前公路車上卡專利主要有LOOK、SHIMANO、TIME、SPEEDPLAY等4間公司，要留意必須有相同系統的卡鞋扣片，才能在對應的卡踏上卡，卡鞋扣片為卡鞋與卡踏結合之重要硬體介面，耗材需定期更換。

公路車與三鐵車卡鞋的差異度主要在於，三鐵卡鞋為了便於騎車與跑步的轉換，通常以沾黏式取代雙旋鈕和拉線設計，但考慮到長途騎乘的效率與舒適度，筆者參加鐵人三項賽所穿著的為SHIMANO RC903 S-PHYRE公路車鞋。

車服

考量到車服必須貼身並減少與身體的摩擦、降低風阻，專業的車衣與車褲多以具有良好透氣性與彈性的萊卡為主，搭配其他材質布料混製而成。自行車服知名品牌亦對品質有區分等級，差異主要在於材質、縫紉方式、排汗及抗紫外線功能。

三鐵服也可以用於騎乘，目前市面上無論三鐵服或自行車服都有坐墊的設計，但三鐵服坐墊通常較薄，且針對跑步需求，也有款式及材質上的差異。面對眾多的競爭對手，車衣商除了在材質與縫製手法上下功夫外，還會特別設計許多巧思，例如多數的自行車服飾都在背後設計可放置補給品的口袋，而我身穿的CCN車衣及三鐵服，在領口拉鍊處貼心縫製布片防磨，並在手腳袖口處有鬆緊帶的設計。

維持 >>>

課表安排 × 黃柏青

> 單車騎乘訓練往往需要很長的時間，通常一出門都需要3-4個小時甚至6個小時，對於一般時間有限的業餘選手來說，無法花費這麼多時間在練騎上，況且出門騎車除了要準備不少裝備，還會受到天氣、交通狀況等因素影響，要完成有效率的訓練相當不容易。所幸，近年來室內功率訓練的設備與軟體發展越來越成熟，許多鐵人或是單車愛好者，都可以在家裡進行有效率的訓練，各地區也陸續出現功率訓練教室，讓無法在家訓練的人也能選擇方便的教室，跟同好一起進行有效率的訓練。

功率訓練教室可跟同好一起進行有效率的訓練

為什麼我們要採用功率訓練呢？

1. 採用精準的數據掌握訓練強度。

2. 可以安全有效地執行課表訓練特定的強度區間。

3. 根據選手訓練或是測試數據找出強項與弱項、並針對賽事需求設計課表。

4. 長期建立訓練數據方便自己或是教練追蹤分析自己的進步狀況。

比起外騎來說，功率訓練可以省去許多無謂的時間，並且不用擔心外在因素干擾，利用有限的時間精準執行自己需要的課表。因此對於時間有限的業餘鐵人、單車騎士來說，一定要學習如何利用功率訓練來提升自己的能力。

第一步：找出自己的FTP數值

功率訓練的第一步，就是要找出自己的功能性閾值功率（FTP）數值，FTP的定義是騎士在1小時左右的時間內，可以維持不衰退的功率數值。找出FTP數值的方式有很多種，比較常用的是5+20分鐘測試。建議流程如右：

熱身：輕鬆踩10分鐘 → 高迴轉數110rpm×1分鐘 → 輕鬆踩×1分鐘。

（以上做3組後輕鬆踩5分鐘）

↓

5分鐘全力踩：盡全力踩5分鐘，要消耗掉無氧能力，因此必須盡全力實施。

↓

輕鬆踩10分鐘。

↓

20分鐘測驗：要將體能平均分配用完，因此選手必須穩定配速完成，避免途中功率忽高忽低。

↓

緩和：測驗結束後緩和10分鐘。

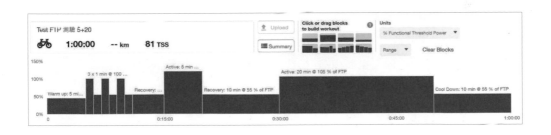

我們會取20分鐘的平均瓦數乘以0.95，作為訓練設定用的FTP數值。當然由於20分鐘不算長，因此有些人實際的FTP數值會比這個設定值高一些或低一些，不過還是很有參考價值。此外，20分鐘的平均心跳，也可以做為自行車訓練的閾值心跳的參考基準。

取得FTP數值之後，就可以設定自己的功率訓練區間，如下頁圖。

區間	名稱與目的	閾值功率%	閾值心率%	體感強度	可維持時間
1	動態恢復	≤55%	≤68%	<2	70-80 years
2	耐力區間	56-75%	69-83%	2-3	2.5 hours to 14 days
3	節奏區間	76-90%	84-94%	3-4	30min to 8 hours
4	乳酸閾值	91-105%	95-105%	4-5	10 - 60 min.
5	最大攝氧量	106-120%	>106%	6-7	3 - 8 min.
6	無氧代謝能力	121-150%	N/a	>7	30 sec. - 2 min.
7	神經肌肉能力	N/a	N/a	maximal	5 - 15 sec.

取得FTP數值之後，可設定自己的功率訓練區間（本表採用Andy Coggan博士的區間設定，圖片來源：Peaks Coaching Group）

自行車訓練的週期性規劃

週期化訓練循環							
訓練階段	準備期			比賽期		轉換期	
大循環							
小循環——週小循環							

(一) 基礎期

　　對於體能基礎比較初階的選手來說，如果想要認真準備一場賽事，通常建議要規劃4到6個月的訓練期，才能讓自己體能達到比較好的備戰狀態。因為體能的提升需要長時間的累積才能看到效果，而且訓練期中可能會遇到一些意料外的狀況，像是感冒、受傷或是工作上的安排，而干擾到訓練持續性。因此及早開始規劃訓練才是正確的做法。

　　一般訓練週期規劃中，我們會安排3個月，也就是約12週的準備期，這段期間的課表會以Zone2有氧耐力課表開始，搭配騎乘肌力的強化與各種不同迴

轉速的訓練。除了建立基礎的心肺耐力之外，同時刺激騎乘時所需要的肌群成長。通常在訓練6-8週之後就可以進行Zone3，也就是上圖Tempo強度的課表，開始訓練肌耐力。

這段期間，選手可以根據自己恢復狀況，逐漸提升訓練頻率與訓練量，如果體能狀況許可的話，可以開始安排一些爬坡路線的騎乘。也許有些選手會有疑問，為什麼自己比賽的路線是平路，訓練時需要安排山路？因為山路對於心肺與肌力都會帶來比較強的刺激，體能也會比較有效率地提升。因此在基礎期多安排一些山路的騎乘，絕對是有許多好處的。

基礎期的後段會開始加強肌耐力、同時推升FTP，課表會加入俗稱「甜蜜點」的強度。所謂「甜蜜點」就是介於FTP 88%-93%的強度，經過研究，這個強度是推升FTP最有效的區間。

甜蜜點聽起來似乎很輕鬆，不過執行起來其實一點都不甜蜜。因為這個強度位於Zone3上限到Zone4下限之間，對於所有選手來說，都是感覺有些痛苦但是還勉強撐得住的強度。通常一組的執行時間20-30分鐘左右，甚至到40分鐘，撐過一段時間後，肌耐力將獲得顯著的提升。

基礎期——Zone 3 強度的參考課表

熱身：輕鬆踩5分鐘 → 迴轉速110rpm踩1分鐘×3趟，每趟中間休1分鐘 → 輕鬆踩5分鐘。

↓

主課表：Zone 3 FTP 80% 30分鐘×2 @85-90rpm，中間每5分鐘拉快轉速至100rpm 30秒，每趟中間緩和踩6分鐘。

↓

緩和：輕鬆騎5分鐘。

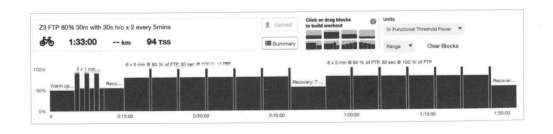

(二) 進展期

經過12週左右的基礎期訓練之後，你的體能已經進步到一個水準，可以接受比較高強度的訓練了。進展期時會逐漸提升訓練的強度與長度，並且開始為比賽強度進行適應，教練也會與選手討論訓練時的配速策略。

根據選手比賽需求的不同，這段期間要加強的主要內容也會有所差異。對於要準備標準鐵人51.5公里距離的選手來說，會著重在Zone4，也就是乳酸閾值的課表；對於更短距離像是Sprint半程鐵人25.75公里賽事，則是會輔以Zone5最大攝氧量的課表。

進展期——Zone 4強度的參考課表

熱身：輕鬆踩5分鐘 → 迴轉速110rpm踩1分鐘×3趟，每趟中間休1分鐘 → 輕鬆踩5分鐘。

↓

主課表：90% 5分鐘 @85-90rpm → 93% 4分鐘 @85-90rpm → 95% 3分鐘 @85-90rpm → 100% 抽車 30秒 @90-95rpm → 輕鬆踩5分鐘（以上重複4組）。

↓

緩和：輕鬆踩5分鐘。

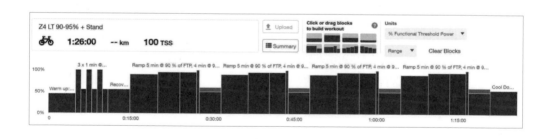

若是針對113、226等長距離賽事，則是要培養自己能夠維持長時間穩定輸出的能力。平常在室內訓練提升閾值能力之後，就要以Tempo至甜蜜點之間的訓練為主，並且多利用時間安排長距離的外騎訓練。如果訓練113賽事，平常外騎至少要練到能夠連續騎乘3-4小時的能力；如果訓練226賽事，則需要練到6-7小時的能力。當然，騎乘能力相當強的選手可以稍微縮短訓練長度。

長距離外騎除了訓練肌耐力以外，更重要的是要練習外騎會遇到的許多狀況，像是面對逆風、側風時的控車，還有適應路上車輛通過時的壓力與應對、不同坡度時的變速時機與技巧。再者，訓練身體長時間在陽光下的曝曬、是否

能通過高溫的考驗等等，都不是室內訓練可以取代的。

此外很重要的一點，就是要利用長距離外騎，練習吃比賽時要吃的補給品，提前讓腸胃適應。選手要觀察自己在運動下吃不同補給品時，身體的反應如何，進而選擇比賽時要吃的廠牌與數量等。很多人在比賽時突然選擇沒吃過的補給品，結果腸胃無法吸收或是適應，造成嘔吐等問題，而無法順利發揮平常訓練的成果，這是相當可惜的。

(三) 賽前減量

對於大部分選手來說，訓練的最大量會規劃在賽前的14天左右，也就是賽前二週達到最大量之後，就開始安排減量。部分選手會有錯誤的觀念，就是到了賽前1-2週才來臨時抱佛腳。其實賽前1-2週的訓練通常只是徒增身體的疲勞，因為身體來不及經過超負荷 ─ 休息 ─ 恢復 ─ 變強的過程，這樣臨時抱佛腳的結果，幾乎都是讓你帶著疲憊的雙腿去比賽而已。

賽前二週的減量採逐漸降低訓練量，也就是把訓練的總時數減少，但是先維持訓練的頻率與強度。舉例來說，原本前二週你是每週練騎3次，總訓練時間是10小時，到了賽前二週可以把訓練時數先降到約6-7小時，同樣也是練3次並且維持同樣強度，只是把時間降為原本訓練時間的2/3左右。而到了賽前一週，則降到原本訓練時數的約1/2左右。

減量的控制對於比賽表現有滿大的影響。根據國外研究，越短距離的比賽，需要較大幅度的減量，也就是讓身體處於較「新鮮」的狀態下，比賽表現會比較好。反之，越長距離的比賽，則不需要過大幅度的減量，而是要持續給予身體一些刺激與訓練，反而在比賽會有更好的表現。因此有些國外職業選手在226的長距離賽事前，只會安排小幅度的減量就去比賽了。

要注意的是，每個人身體的適應能力有相當大的差異，不過以上還是值得大家參考。

轉換 >>>

給轉戰單車的跑者建議 ✕ 李翰暄

> 身為跑者，有氧耐力、小腿肌群、股四頭肌群相對良好，在身體條件上，要上手單車有著很棒的優勢。不過，對於單車入門的跑友來說，若未循序漸進找對方法，很容易提高意外風險及運動傷害，本篇將以我自身近年的轉戰經驗，分享訓練建議給想入門單車的跑友們，以利你能快速找到方法開始騎行！

轉戰單車的 3 步訣竅

跑步與騎乘運動最大的差異點是，跑步落地的衝擊是騎車沒有的，每一步都需要靠身體肌肉來承擔，在運動過程中，對於肌肉及骨骼較騎車負擔更大。單車的動力來源是靠著腳踩踏板，經由輪軸與齒輪將力傳到輪子上。轉戰單車的跑者若要適應騎乘踩踏的習性，應加強上半身的穩定性，才能提升控制車身的掌握度。要達到此目標，需要同時透過騎乘訓練以及肌力訓練來強化。

第一步：心態轉換

入門跑者平均運動時間落在30-60分鐘，長期在訓練的馬拉松跑者約60-150分鐘。跑步過程中每一步都需要靠自身力量維持前進，跑步能夠領略的風景相對於騎單車少，通常途中不會吃蛋糕喝咖啡，否則可能造成腸胃不適應。而騎單車過程中可以放鬆滑行，心情上較輕鬆，對於單車族來說，外騎看風景，停下來吃塊蛋糕、喝杯咖啡再正常不過了，當你投入單車運動熟練後，通常騎乘時間達半天以上，因此心境上也有要心理準備，出門後回家就是要午睡了。

第二步：正確的Fitting

為什麼正確的Fitting很重要？當我在剛開始學習騎車時，感受到臀部一直受壓迫，導致薦椎髖關節有痠痛感，直到接觸Fitting後才大大改善了我的狀況。

有如跑姿對跑步的重要性，正確的Fitting可以幫助調整騎姿，提升踩踏效率，增進整趟騎乘的舒適度，讓騎乘時輸出更多的功率，降低運動傷害發生。然而正確的騎姿因人而異，考量因素包括年齡、騎乘方式及身體素質。

第三步：適應騎車的踏頻節奏

在說明踏頻節奏之前，我們先回想跑步的步頻和步幅。跑步速度是由步頻與步幅所組成，步幅指的是跑步單腳跨出去時，兩足之間的距離。步頻則指每分鐘跨出的步伐次數，步頻與自身的跑齡、跑步能力和身體結構有關聯性，菁英跑者多數步頻落在180以上，新手跑者150-170不等。然而，不是每個跑者都要

有如跑姿對跑步的重要性，正確的Fitting可幫助調整騎姿，提升踩踏效率，增進騎乘的舒適度

有相同步頻，例如較高的跑者自然會有較低的步頻。

騎車的踏頻節奏通常會對應到跑步的步頻，舉例來說，跑步步頻約170下，騎車踏頻就約85下。因此，剛轉換學習騎車的跑者，一開始要先感受自己踩踏的節奏感。首先可漸進式提高自己的踏頻，以騎乘長遠訓練計畫看來，當你透過肌力、神經刺激和協調敏捷訓練，如單腳踩踏、繩梯、角錐、高踏頻間歇等訓練做加強，踏頻就會慢慢產生變化。

第四步：肌力訓練

對跑者來說，跑步訓練可以幫助擁有良好的下肢肌耐力及穩定的有氧能力。然而，從跑步轉換為單車，專項的肌肉使用上不同，可能使剛開始接觸單車時會不適應。透過肌力訓練，能幫助騎乘中有更強壯的肌肉穩定我們的軀幹，提升控車的掌握度，也增進騎乘的穩定性。

騎單車的主要騎乘姿勢都是上半身前傾、胸部穩定、腹部微收，手部保持控車平衡。要透過肌力訓練幫助騎乘效率，可針對上半身腰背部肌群做強化，如棒式、超人式、伏地挺身等動作；若要強化下半身髖部肌群，則可做深蹲、弓箭步等動作。

身心障礙者訓練 >>>

給初學的身心障礙鐵人與協助夥伴小提醒 ✕姜義村

> 運動能跨越障礙，然而無論任何障別，運動訓練之前請諮詢專業人士，訓練中切記安全第一。本篇分別針對4種障別的初學鐵人與其協助夥伴做提醒。

共同提醒

- 諮詢專業人士：健康狀況請諮詢醫師、運動訓練專業請找專業教練、特殊運動指導也請尋找有指導相關障別經驗的教練、專家或組織。相信專業，除了確保身心安全，還可以減少走了許多冤枉路。

- 安全第一：無論是游泳、騎車還是跑步，選擇合適的安全裝備至關重要。例如，夜間練習時應佩戴發光或反光的配件，騎乘途中一定要戴安全帽，游泳也在需要時使用適當浮具確保安全設備。

視覺障礙者

跑步訓練

- 加入視障跑團：與訓練有經驗的陪跑員一起跑步不僅可以快速入門，還能建立正確觀念。

- 選擇安全的練跑環境：選擇光線充足的跑步路線至關重要，以確保能見度以及與陪跑員的路況回報和引導。建議選擇學校操場、體育場田徑場，或人車分離的河濱公園道路等平坦且少障礙物的地點。

- 注意聽覺環境：視障者需要仰賴聲音提醒，避免選擇過於吵雜或陪跑員語音提示不容易辨識的環境。

單車訓練

- 選擇適當路線：由於視障協力車轉彎半徑較大，建議選擇寬敞的路線進行訓練。初學或與夥伴一起訓練時，盡量選擇紅綠燈較少、車輛稀少且容易前進的道路。

- 良好溝通：領航員需以口頭提示告知後方視障者的路況和踩踏方式，以確保兩人的重心和節奏協調一致，確保安全。

游泳訓練

- 選擇適合且安全的陪游繩。

- 聽覺和語言提示：在開放水域中，陪游員可以使用語言指令提醒視障者調整游泳路線。在游泳池訓練時，可以使用聽覺輔助設備提示方向和節奏。

聽覺障礙者

- 建立明確的溝通方法：與訓練夥伴、教練、救生員或其他運動員建立明確

的溝通方法，可以使用手語、書面筆記或使用視覺提醒的溝通應用程式或設備。例如騎乘時使用手勢溝通。

- 使用視覺輔助工具：利用訓練時間表、地圖或教學影片等視覺輔助工具，增強理解能力並按照訓練計畫進行訓練。

- 注意安全預防措施：在訓練過程中要格外留心注意周圍環境。專注於視覺提示，確保自身在道路上或游泳池中的安全。

- 使用振動提示：利用振動警示器或特殊的游泳設備，例如振動手環或腳踝帶，以接收指示和提示。

心智障礙者

- 設定實現可行的目標：將跑步訓練分解為數個小目標，以追蹤進度並保持動力。

- 清晰的指導：以明確簡單的方式提供指導和訓練計劃，如果需要，可以使用視覺輔助或書面指示。

- 交通規則：遵守交通規則以確保安全。

- 支持性環境：在支持和包容的環境中進行訓練，與理解並滿足您特殊需求的教練、指導員和其他運動員一起。

- 耐心和重複：理解進步可能需要時間和重複技巧的練習。慶祝途中的小成就，以保持動力。

- 樂趣和享受：強調訓練的樂趣和享受，參與您喜愛的活動，保持熱情和長期承諾。

肢體障礙者

- 適合的輔具：選擇適合的輔具，如義肢、拐杖、助行器、輪椅、手搖車、電動輔助車、三輪車或特殊設計的自行車，以提供特別的支持、運動傷害防護、平衡和安全行進的動力。

- 友善的環境：在平坦且無障礙的路線或場地進行跑步和騎車訓練，避免不平整或危險的地面。選擇適合的游泳池或游泳場所，並確保擁有適當的設施和人力支持，如坡道、扶手或游泳池升降機，以確保肢體障礙者能夠安全地進行游泳。

- 正確的姿勢：學習和練習正確的運動技巧，以提高效率並減少受傷風險。

- 輔助浮具：使用適合的輔助浮具，如浮板、浮球或浮袋，提供浮力和支持，幫助肢體障礙者進行游泳訓練。

除非你是頂尖的競技選手要備戰國際賽事，否則一般身心障礙朋友參與鐵人三項，多半以增進生活品質為主要目標，因此，訓練或參賽應該要以安全、開心與健康為前提，千萬別因為比賽或訓練而受傷，這樣就得不償失了！

還沒下場就失格？以日本館山若潮鐵人三項賽為例×陳彥良

> 訓練許久卻因為違反比賽規則而無法參賽，相信是任何人都難以接受的事，然而常言道「入境隨俗」，在不同地區的賽事規則必有差異，那麼參加海外賽事有哪些規則若不留意，可能意外導致無法參賽的窘境呢？本篇以日本館山若潮鐵人三項賽為例，分成「沒做到就失格」與「眉眉角角要注意」兩部分共15個重點，讓你快速掌握關鍵。

本篇以館山若潮鐵人三項賽（以下稱館山鐵人賽）為例，主因館山市是日本鐵人故鄉之一，曾孕育出奧運鐵人三項冠軍選手，也是海內外選手移地訓練重要地點。該賽於每年5月底舉辦，因為規則嚴格，部分要求可能讓台灣選手大呼不可思議！而這也可能是你未來參加其他海外賽事必須注意的小細節。

沒做到就失格

1. 大會選手秩序冊暗藏玄機

日本賽事通常以日文介面為主，如果沒有中文介面，建議可用google chrome的線上翻譯，雖然偶有語句不通的問題，但大致上能看得懂。

在海外賽事的選手秩序冊中，通常可以找到參賽的關鍵資訊，所以請在報名前務必詳細閱讀。例如，館山鐵人賽的選手秩序冊中，明文規定各競賽項目完賽時間、通過線上考試才能參賽、游泳項目必須全程穿著防寒衣等規則，參賽者必要詳細閱讀大會選手秩序冊，千

萬別以台灣的經驗來報名參加，因為一定會踢到鐵板！

2. 賽前注意考試期限

你沒看錯，比鐵人三項賽也要考試！要參加館山鐵人賽的奧林匹克距離（51.5公里）及短距離挑戰賽者，必須在指定時間內通過確認測試，才能參加比賽（如下圖）。

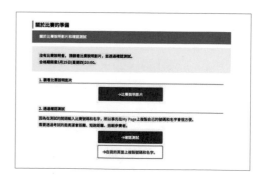

大會的考題包羅萬象，例如日本交通規則與文化中，車輛與行走的方向跟台灣恰好相反，如果連這都不知道，不僅考不過，也增加正式比賽時發生嚴重

上圖：大會規定單車要貼上號碼貼紙，而跑步時必須將號碼布置於身前（圖片來源：大會官方）

右圖：選手必須依規定穿著防寒衣才可參賽（圖片來源：大會官方）

意外的風險。會訂定這樣的規則，不得不欽佩日本人對於賽事安全的重視。

3. 交車與物資領取時間不同

　　台灣的賽事一般都在報到時提供車用號碼貼、跑步用號碼布、泳帽及選手計時晶片，館山鐵人賽則是分開進行上述項目。首先在比賽當天交付單車至轉換區停放時，安全帽及車身須貼有大會賽前提供的選手號碼貼紙；接著到開賽前1小時，才能現場領取泳帽及晶片。

4. 開賽前一刻強制試游

　　日本鐵人三項開賽前強制試游的做法，是為了保障選手的安全、確保比賽的公平性，以及幫助選手做好比賽前的準備。鐵人三項的游泳項目在自然水域進行，可能受到潮汐、海流等因素影響，為確保選手在比賽中的安全以及避免競賽中出現問題，強制試游是必要的步驟。

　　強制試游目的是讓選手熟悉比賽水域的條件，包括水溫、海流、波浪等，這有助於選手做好比賽前的心理和生理準備，以及了解如何應對可能的變化。同時，試游還可以讓選手熟悉比賽起點、轉彎點和終點，減少迷路的風險。

　　此外，強制試游也有助維護競賽的公平性。選手的比賽表現應該基於他們

的實際能力，而不應受到水域條件的影響，通過強制試游，所有選手都可在比賽前了解水域條件，確保比賽公平性。

5. 沒穿防寒衣就不用下水了

你沒看錯！在台灣或許多國家的鐵人三項賽事，通常水溫必須低於攝氏23度才開放穿防寒衣游泳，但是館山鐵人賽基於安全考量，規定無論攝氏幾度都必須全程穿著防寒衣。如果沒有攜帶防寒衣又租借不到，就只能殘念了。

6. 注意魚雷浮標使用規定

館山鐵人賽沒有設置浮標組這個組別，大會僅允許選手自行攜帶充氣式魚雷浮標的規定更是嚴格。在選手秩序冊中便載明，雖然為了安全可以攜帶魚雷浮標，但一但比賽過程中打充氣式魚雷浮標，視同放棄比賽，即便是在限時內完成上岸，仍不列入成績，雖然能繼續比下一個項目，但縱使完賽也不會有成績及完賽禮。

7. 標鐵51.5組僅能使用公路車及三鐵車

如題，不同於許多台灣的鐵人賽沒有嚴格禁止非公路車及三鐵車參賽，館山鐵人賽對於單車項目的參賽車種有嚴格的限制。查看報名網站的單車項目規範，就洋洋灑灑列出9種禁止參賽的車種，不同組別的規範也不一樣，必須先做好功課。

眉眉角角要注意

8. 賽前講習不參加可惜

參賽者可以選擇自由參加講習，但無論是老手或新手，建議一定要參加，因為實在太超值了！大會不僅安排曾經獲得奧運冠軍的選手暨若潮鐵人三項大會會長細田雄一，以及2019台灣澎湖IRONMAN國際鐵人三項女總一孫崎虹奈負責賽事規則解說，還帶領大家練習海游定位、海豚跳等多項專業鐵人三項技巧。與其說這是賽前講習，倒不如說是另類訓練營。

9. 軍事基地、騎車途中禁止拍照

基於自衛隊軍事基地的機密安全及個人行車安全考量，大會禁止在基地內以及行車途中拍照，幸好，大會貼心提供免費的照片供選手下載。

10. 日本賽事的完賽時間跟國際有差異

國際鐵人三項51.5公里的賽制標準完賽時間為3小時50分；而館山鐵人賽的完賽時間為3小時30分。同樣的比賽距離，限時卻足足少了20分鐘。要特別注

意的是，館山鐵人賽的游泳項目限時1小時，又比國際標準賽事多了10分鐘，因此，如果游泳項目僥倖在關門邊緣，後續的單車與跑步項目可能要緊張了。

11. 自己孤單衝線或與親友一起進終點？

這件事絕對要在賽前先留意！例如台灣IRONMAN 70.3的個人競賽組嚴禁任何人陪同進終點，而館山鐵人賽則允許選手與親朋好友一起歡樂進終點拱門，因此，如果想留下一輩子的完賽美好回憶，請務必留意大會規定。

12. 完賽禮嚴格發放

有別有台灣某些賽事通融無完賽者也能領完賽禮的淺規則，館山鐵人賽要求選手完賽才能領完賽禮，因此想拿到獎牌跟完賽毛巾，就靠實力來拿吧！

筆者與好友們一起進拱門，在會場旁拍照留念（圖片來源：探索者運動）

大會工作人員親手遞交完賽禮給筆者（圖片來源：探索者運動）

13. 自己帶車還是租車？

相信這點是大家參加海外賽事最困擾的，畢竟帶著單車出國是最麻煩的，不僅重量導致旅費激增，更會擔心愛車在運送過程中損壞甚至遺失。因此，建議到海外參賽可以先尋找當地是否有單車租用服務。

以館山為例，當地政府在多年前便與台灣的知名代理商「昇陽自行車」合作，在館山市火車站的出口處，便有高級的ISSAC碳纖維公路車租賃，費用甚至可能比在台灣租賃更便宜。我參加館山鐵人賽時，就是透過租賃系統順利地租到公路車。

14. 繞圈圈賽道繞到暈頭轉向怎麼辦？

2023年館山鐵人賽的游泳項目需完成2圈、騎車項目需完成9圈、跑步需完成4圈，這是我參加84場鐵人三項賽以來，單車項目繞最多圈的比賽。開賽前避免出錯，我特別準備了車用碼錶及鐵人錶進行完成距離監控，並攜帶橡皮筋放在握把左右兩側，當每完成1圈就進行橡皮筋換邊記圈動作。

萬萬沒想到，如此縝密的計畫居然仍出現變化。當我接近完成第九圈時，發現兩只錶上都顯示約38.4公里，距離大會規定的40公里有誤差，為了避免DQ，只好硬著頭皮再多騎1圈，因為大會規定少騎1圈會被取消資格，但可以多騎。因此，建議大家比賽中多加小心，畢竟如果圈數太多，繞一繞肯定容易忘記完成幾圈了。

15. 成績公告出現DNF、DNS、TOV是什麼意思？

以2023年館山鐵人賽後所公告的選手成績為例，51.5標鐵組共有704人報名，其中順利完賽者572人、TOV 40人、DNF 29人、DSQ 5人、OPEN 2人、DNS 48人，其意義為：

DNF＝Do not finish，未能完賽。意即未能在大會規定的時間內完賽，沒有通過終點，因此沒有成績紀錄。

DNS＝Do no start，未能啟動。意即未從起跑點出發。

TOV＝time-over，逾時完賽。意即未能在大會規定的時間內完賽，卻有通過終點，有成績紀錄。

OPEN＝請不能成 正式紀錄，通常是屬於大會特別邀請的選手或來賓。

DSQ或稱DQ＝Disqualified，取消比賽資格。要特別留意的是，多數鐵人

館山市公路車的租賃費用比台灣便宜，例如碳纖維製彎把公路車1天5,000日圓。筆者所騎乘的車就是從館山市火車站官方單車租賃處而來（圖片來源：大會官方）

三項賽的規則中，違規者須在罰時帳進行罰時，此時別疏忽在罰時帳內什麼可以做、什麼不能做，因為輕則罰時，重則可能會被DQ。以下列出常見的重要規則，請務必要多加注意：

● 罰時帳內只能飲用自行黏貼或攜帶在自行車上的食物或水。

● 如果在單車賽段違規，需在該賽段結束後，於轉換區內的罰時帳進行罰時，若未進罰時帳罰時，將在賽後被判定取消資格。

● 選手在罰時帳內不可任意跑出去，即使是跑去上廁所也會被判DQ。

● 罰時帳內最好什麼事都不要做，包含調整任何裝備、維修車子等，違者將被取消資格。

館山若潮鐵人三項賽

賽事資訊

● 日期：第14屆-2023/5/28
● 主辦單位：館山わかしおトライアスロン行委員
● 參加資格：5歲以上
● 分組：
　A組 51.5km：游泳1.5km、單車40km、路跑10km (限定關門時間：游泳1小時 / 路跑於游泳後3小時30分)
　B組 25.750km：游泳750m、單車20km、路跑5km (限定關門時間： 游泳40分鐘 / 路跑於游泳後1小時45分)

不斷前進的動力

親愛的讀者朋友們：

首先，身為《跑騎全台灣：狂飆的18鐵人×32條私房跑步單車訓練路線×38場亞洲經典賽事備戰守則》的統籌作者，我代表18位鐵人作者們衷心感謝您對我們，以及之前系列作品的支持和喜愛。大家的鼓勵和關注是我們不斷前進的動力。

2023年對醫護鐵人而言，是邁向全球化重要的一年。2月2日，在高雄市運動發展局侯尊堯局長統籌，以及醫護鐵人、昇陽自行車、大鷹旅行社與探索者運動的穿針引線下，成功完成了與日本館山市、佛光山、金門體育會以及高雄運發局的台日產官學馬拉松和鐵人三項運動旅遊合作交流，這次活動為台灣的體育旅遊產業發展注入了新的動力。

在3月30日，醫護鐵人在高雄西子灣隧道旁的一座多功能四層建築中，成立了全球總部。而在4月19日，以《醫護鐵人參賽救人不拿獎》為題的新聞登上了

台灣人間福報頭版頭條。之後，醫護鐵人與探索者運動代表金門體育會，前往日本館山市與市長森正一，簽署了金門史上第一個海外賽事交流備忘錄，醫護鐵人更親自參加館山市鐵人三項，這一消息也登上了日本報紙的頭版頭條與台灣各大運動媒體的版面，進一步推動了醫護鐵人的國際化發展。

8月24日，醫護鐵人再度與18位知名鐵人共同推出新書《跑騎全台灣》。此次新書的發布正值台灣總統大選期間。我得到了各方前輩和先進的協助，榮幸邀請到新北市市長侯友宜、台灣民眾黨主席柯文哲、中華民國副總統賴清德，以及佛光山都監院院長釋慧傳，為本書撰寫了推薦序，同時廣邀各界知名人士聯名推薦，成為全球史上第一本由所有總統候選人及佛光山共同推薦的書籍。

我們的目的不僅是透過各界力量關注健身運動，更希望能廣邀社會大眾關懷弱勢群體。

緣此，8月26日在高雄市政府運動發

展局的主辦下，醫護鐵人統籌「一輪與醫護鐵人美濃約騎派對」活動，藉由實際的騎乘結合《跑騎全台灣》、《狂飆的18鐵人》新書簽書會，吸引並帶動更多市民朋友一同加入運動的行列。

在這裡，我要特別感謝每一位支持的讀者和團隊成員。沒有你們的支持與努力，我們無法完成書的創作和推廣。我衷心希望這些作品能夠激勵更多人加入運動行列，促進身心健康，並為社會公益事業貢獻一份力量。

最後，我要向失親兒福利基金會以及其他公益機構表示衷心的感謝。感謝你們一直以來對弱勢群體的關懷與支持，希望我們的善舉能為孩子帶來溫暖與希望，讓他們感受到社會的關愛。

醫護鐵人創辦人

國家圖書館出版品預行編目（CIP）資料

跑騎全台灣：狂飆的 18 鐵人×32 條私房跑步單車訓練路線×38 場亞洲經典賽事備戰守則／陳彥良，王千由，王心恬，江昇峰，江晏慶，吳承泰，何航順，李詹瑩，李翰暄，林美佐，姚焱堯，姜義村，許仁茂，郭修森，黃柏青，楊志祥，詹益榮，劉祖寧，簡翊倫作. -- 初版. -- 臺北市：墨刻出版股份有限公司出版：英屬蓋曼群島商家庭傳媒股份有限公司城邦分公司發行，2023.08

　　面；　公分

ISBN 978-986-289-907-6（平裝）

1.CST：賽跑　2.CST：腳踏車運動　3.CST：運動訓練

528.946　　　　　　　　　　　　　　　　　　　　　　　　　112012854

跑騎全台灣

狂飆的 18 鐵人×32 條私房跑步單車訓練路線×38 場亞洲經典賽事備戰守則

作　　　　者	陳彥良、王千由、王心恬、江昇峰、江晏慶、吳承泰、何航順、李詹瑩、李翰暄、林美佐、姚焱堯、姜義村、許仁茂、郭修森、黃柏青、楊志祥、詹益榮、劉祖寧、簡翊倫
責 任 編 輯	林宜慧
內 頁 設 計	王信中
封 面 插 畫	tuenhua
封 面 排 版	袁宜如
行 銷 企 劃	周詩嫻

社　　　　長	饒素芬
事業群總經理	李淑霞
發 　行 　人	何飛鵬
出 版 公 司	墨刻出版股份有限公司
地　　　　址	台北市民生東路 2 段 141 號 9 樓
電　　　　話	886-2-2500-7008
傳　　　　真	886-2-2500-7796
E M A I L	service@sportsplanetmag.com
網　　　　址	www.sportsplanetmag.com

發　　　　行	英屬蓋曼群島商家庭傳媒股份有限公司城邦分公司 地址：104 台北市民生東路 2 段 141 號 B1 讀者服務電話：0800-020-299 讀者服務傳真：02-2517-0999 讀者服務信箱：csc@cite.com.tw 城邦讀書花園 www.cite.com.tw
香 港 發 行	城邦（香港）出版集團有限公司 地址：香港灣仔駱克道 193 號東超商業中心 1 樓 電話：852-2508-6231 傳真：852-2578-9337
馬 新 發 行	城邦（馬新）出版集團有限公司 地址：41, Jalan Radin Anum, Bandar Baru Sri Petaling, 57000 Kuala Lumpur, Malaysia 電話：603-90578822 傳真：603-90576622

經 　銷 　商	聯合發行股份有限公司（電話：886-2-29178022）、金世盟實業股份有限公司
製　　　　版	漾格科技股份有限公司
印　　　　刷	漾格科技股份有限公司
城 邦 書 號	LSP020

ISBN　978-986-289-907-6（平裝）
EISBN　978-986-289-908-3（EPUB）
定價 480 元
2023 年 8 月初版

版權所有・翻印必究

2023.11.05

跑吧！孩子

知本溫泉公益馬拉松

全馬·半馬·10K·6K

LOVING 197

197 LOVING — LOVING 197 ROAD BIKE RACE

2023.12.03

戀戀197自行車賽

菁英組·市民競賽組·挑戰組·電輔車組·滑步車組

開放報名 歡迎揪團報名享優惠！

TAITUNG PUYUMA TRIATHLON

台東 普悠瑪鐵人三項

2024.03.23~24

PUYUMA

ㄓㄌ！

NO PAIN, NO GAIN.

開放報名中

歡迎團報享報名優惠

巴歌浪

PAKELANG
TAITUNG SUPER TRIATHLON

台東 巴歌浪超級鐵人三項

2024.10.19

賽事項目：
226KM/113KM/51.5KM/47.5KM鐵人二項/鐵三角接力

漢方保健首選品牌
王大夫一條根
DR.WANG GTH

G⁺POWERFUL
G動力運動機能防護

王大夫擦噴貼
運動痠痛靠邊歇

臺灣地區服務據點

臺北營運處
臺北市復興南路一段237號13樓
TEL：02-27030975

誠品信義專櫃
臺北市信義區松高路11號B2
TEL：02-8789-3388#1938

高雄漢神專櫃
高雄市前金區成功一路266-1號B2
TEL：07-2157266

金門地區服務據點

金門伯玉店（王大夫一條根文化館）
金門線金寧鄉伯玉路二段219號
TEL：082-323-311

官方網站

LINE@

FB

Leave water in your wake.

MERRELL

綱代理展業國際 0809-085-868

www.merrell.com.tw

增加安全性

安全帽後方可安裝
Lazer LED燈來提高
能見度和安全性。

舒適貼合

採用易於滾動的ScrollSys調整
系統方便快速微調，以提供完美
貼合度。

全天候適用

可搭配Aeroshell®
整流罩以提升空氣
動力性能和完整的
保護性。

衝擊保護

tiCore的防撞緩
可減少對大腦的
能量，有助於降
部受傷的機率。

trada KinetiCore
joy every ride

 VIRGINIA TECH. HELMET RATING 5 ★★★★★

KINETICORE
INTEGRATED ROTATIONAL
IMPACT PROTECTION

LA _ R

 衝擊保護

 通風透氣

 輕量設計

 減少塑料

eCARGO BIKE CG135
一車滿足 百變需求

DOSUN

亞馬之光

全中山大學鐵人隊首創
National Sun Yat-sen University

醫護鐵人
官方 QR

醫護鐵人在賽事中為參賽者
提供即時的非侵入公益救護
服務，為目前在臺灣唯一統領
域中最具規模之社會企業

加入醫護鐵人　物資借用　醫護鐵人

iRONMEDIC
醫護鐵人

amino STRONG　系列商品由諾壯及
醫護鐵人共同開發

創詩
人之
井音

瘋癲的18鐵人
台灣的最新醫運動個性鐵人

醫護鐵人
強力
推薦

蹤人運動文化的推廣者.
-WAYPOINT.CO

WEPOWER

WEFIGHT

WAYPOINT

PLAN-名員特色之專業運動場館，協助你設立運動計畫達到目標。
LIFE-你運動生活中所需。GOAL-給你最優質的賽事，完成目標。

IT'S ALL ABOUT PLAN LIFE GOAL TO DREAM.

CHALLENGE TAIWAN
we-love-triathlon!

F T
FORMOSA XTREME TRIATHLON

WAYPOINT

WAYPOINT

injinji®
THE ORIGINAL PERFORMANCE TOESOCK®

RUN系列

- 五趾分離設計，減少趾縫間的皮膚摩擦，避免水泡產生。
- 採用COOLMAX EcoMade環保再生纖維，提供最佳的吸濕排汗機能，並強化耐磨性及耐用度。
- 符合腳型的彈性足弓支撐。
- 無縫對目設計，趾間無異物感。
- 使用Lycra萊卡彈性纖維，回彈性優。
- 新型四向包覆系統，提供更佳的舒適度與延展性。
- 跑襪依厚薄度有分輕量款、標準款、避震款及女性輕量款四種。
- 羊毛款式升級suedwolle GROUP觸感細柔羊毛紗線，提升羊毛材質比例。

ACCEPTED AMERICAN PODIATRIC MEDICAL ASSOCIATION

LYCRA®

COOLMAX® EcoMade

südwolle group

GOHIKING 線上購物，提供您更多元的購物服務。

限時優惠券，結帳輸入

掃描QR Code

必買站樂高專賣店
必買站 Ridbuy4Utw

ridbuy4U官網 Outsidebrick官網

客製服務

回憶

紀念

送禮

樂高客製化服務提供了與設計團隊合作的機會。您可以與樂高設計師們共同討論您的想法，確保最終的作品能夠完美呈現您的概念。我們具備豐富的經驗和專業知識，可為您提供寶貴的建議和指導，確保最終作品的品質與細節。

東區　(02)2771-7551　台北市大安區仁愛路4段345巷4弄26號
師大　(02)3365-1558　台北市大安區師大路93巷13號
林口　(02)2600-7928　新北市林口區文化三路1段39巷295號
竹北　(03)658-9153　新竹縣竹北市田厝街31號
高雄　(07)285-4568　高雄市新興區南台路66號

■ 販售部
樂高盒組
樂高拆盒
樂高人偶
二手磚
新磚
零件

■ 通路賣場
實體店面
蝦皮商城
必買站官網
Outsidebrick官網

■ 客製服務
場景設計
人偶設計
包裝設計
印刷鑰匙圈
印刷零件